# わが子と心が通うとき

著者—松本 純

愛

書／玉川 京

Art Days

# わが子と心が通うとき

男の子二人を育て、いつも明るく前向きな童話作家の山崎陽子さんと、
子どもたち六人のそれぞれの個性を認め、
マリアのように愛した故アグネス大島展子さん姉妹は、
子どもを愛するということの素晴らしいお手本になってくださった。
お二人にこの本を捧げる。

# はじめに

「最近は親子の殺しあいと子どもの自殺が多いわね、昔は滅多になかったのよ」

七十九歳になる母のこのひと言は、最近の親子関係の崩壊を象徴しているように思った。

実はわが家も一度崩壊しかけたことがあるのだ。

あれは、当時小学校二年生だった長男がいじめにあったときだった。

「お宅の長男が、学校でいじめられているらしいわよ……」

とまわりの人から知らされ、お決まりの「わが子に限って、まさか……」という思いで、私自身がパニックになってしまい、ますます事態をひどくしてしまった。

あのときの私は、

「子どもが心配」

「子どもをこんなに愛しているのに」

と言いながら、やっていることは、

「そんな性格だからいじめられるのよ」

「私の子がいじめられるはずがない、あなたは私の子と思えない」

などと子ども自身を追いつめるような言葉を、子どもに対して無意識にぶつけていた。

当時どうしてよいか分からなくて困り果てているときに、友人から紹介されて、親業訓練講座という親子のコミュニケーションの仕方を体験学習で学ぶ講座にめぐりあった。

私はそのなかで、

「愛は伝わらなければ、愛がなかったことと同じ」

という、私のやり方では子どもに私の愛情は伝わっていないという事実に気づいた。

子どもを自分のレールに乗せようとする自分のやり方を反省し、子どもをありのままで認め尊重し、自分自身も尊重するコミュニケーションの仕方を学ぶことができた。

子どもを一人の人格を持った人間として認め、母親の自分も一人の人間として親としての役割にしばられないで、「私はこういう人間なのだ」ということをお互いに認めあえたら、親子関係は楽しくなるのを知ったのだ。

そのときの自分の経験から、親子の間できちんとコミュニケーションがとれていれば、問題をこじらせたり、ひどい場合でも本人の自殺などの悲劇にならないですむのではないかと痛感した。

「あんなに子どもを愛していたのに、愛の伝え方を間違えて、もう少しでわが子をつぶすところだった」

私はこの苦い思いと反省から、少しでも多くの人にコミュニケーションの大切さを伝えたく、現在は親業訓練講座のインストラクターとして講座を持っている。

講座では、お互いの気持ちが通いあう〈心のかけ橋〉の築き方を学ぶ。相手を尊重し、自分も尊重する橋が築けると、その上にどんな価値観を乗せて子どもに伝えたいのかは、自分で考えなくてはならない。そこに乗せる価値観を教えるしつけ教室や育児書は多いが、肝心の〈心のかけ橋〉の築き方を具体的に教えてはくれない。それまでの私は、すぐ壊れてしまう橋の修復にばかり気をとられて、子どもに伝えたい自分の価値観を考える余裕を持たなかった。

私は子どもの問題と思って、週に一度三時間の講座を八回連続で受けたが、学んでいくなかで自分の抱える問題にも気がついた。そして息子との間に心が通ったとき、私は初めて自分が大事にしている価値観に気づくことができ、息子が大事にしている価値観を認めることができた。

その後の私と長男との関係は、彼の反抗期や家族のアメリカ・シアトルへの転勤など、いろいろな問題が起きても、そのたびにコミュニケーションをきちんととれたことによって、長男とは現在もよい関係を持っている。

「あのまま私の価値観を押しつけていたら、あなたをつぶしていたわね」

と、笑って長男に言えるようになった。

私は日本に帰国して、シアトル時代の友人である司馬理英子さんが出版した『のび太・ジャイアン症候群』という本を手に入れた。この本を読むまでの私は、注意欠陥・多動性障害（ADHD）という言葉を一度も聞いたことがなく、彼女の本からコミュニケーションのとりにくい子がいるという事実を初めて知らされ、読みながら愕然としてしまった。

本の中の診断基準に長男の子ども時代であてはまることが多く、わが子と精神的に格闘した日々を思い出し、

「私はこんなに苦労して、なんとか子どもとよい関係を築きたいと努力したけれど、もしかしたらわが子はコミュニケーションのとりにくい子だったのかもしれない……」

と思えたのだ。

ADHDというのは医学的に説明するのは素人の私には難しいが、今まで落ち着きがなくて不注意で、「しつけの悪い子」とか、「わがままな子」と育て方や本人の性格のように思われていたものが、現在はそれらは神経学的な問題だというように明らかになってきたのだ。神経学的な問題ということは、親の育て方やまわりの環境のせいで忘れ物が多かったり、落ち着きが

なかったりするわけではないということなのだ。

ただ「ＡＤＨＤの子はこんな子ですよ！」という典型的な子ども像があるわけではなく、まだ残念ながら日本の社会でＡＤＨＤは正しく認知されていないので、子どもを責め続けて事態をひどくしたり、「しつけが悪いのか……」と自分を責め続けて育児ノイローゼになってしまう親も多いと思う。もし、十六年前の私にＡＤＨＤの知識が少しでもあれば、息子のよい面をもっと楽にたくさん認めることができ、息子自身もまわりの無理解に苦しまなくてもよかったのではないかと、今は残念な思いでいっぱいだ。

ＡＤＨＤとは、脳の中の状態に神経学的にちょっとした問題があるということだ。でも脳の機能自体にはなにも欠陥がないので、知能的には問題がない場合が多い。そのため障害としてハッキリ目に見えにくいために、親は「やればできるのに……」とか「なぜ、人間関係が下手なのだろう……」と否定的に子どもを見てしまいがちだ。

けれども見方を変えれば、独創的だったり、天才的だったりとてもよい面のある子どもたちなのだ。

親の否定的な態度からは良好な親子関係は生まれにくいのだが、まわりから「しつけの悪い親」と言われ続け、親はどうしてもわが子をよい面よりも、否定的な面で見てしまいがちになる。親も非難されることが多く大変だが、本人はもっと「まわりから理解されない」ということで、日常生活において、親には想像もつかないほど不自由な思いをしていると思う。

どんな子にもコミュニケーションは大事だ。ADHDでない子でもコミュニケーションのとりにくい子はいるし、コミュニケーションの下手な親はたくさんいる。

コミュニケーションがきちんとできないと、親の愛が伝わりにくい。最近の親子の殺しあいも、子どもの自殺も、親子の間で愛が伝わりにくくなってきたことが、大きな影響を与えていると思う。

日本は島国の中で、単一民族が暮らしてきた歴史的背景があり、今まではコミュニケーションを真剣に考えなくても、気持ちが伝わりあう社会だった。

「以心伝心」

「沈黙は金」

などと、日本人は言葉に出さないコミュニケーションのほうが、言葉に出すやり方よりも上等とされるなかで育ったため、自分を表現するのが下手で、急激な国際社会への変化の中で、他の文化の人に自分を分かってもらうのに大変な苦労をしている。

親子の間も、昔は地域社会やまわりのおとなが教えてくれた礼儀やしつけを、すべて親が教えようとして、現代の親は頑張りすぎて苦しんでしまう。コミュニケーションの仕方を習ったことがない親が、わが子をよい子の型にはめようとあせると、私の場合のように信頼関係が壊れて親子関係は悪くなってしまう。

子どもを一人の人間として尊重する対応のやり方や、子どもの気持ちを引き出しやすい会話の仕方などを知り、子どもとこんなにうまくコミュニケーションできたとか、子どもに親として自分の大事にしている生き方を示せたとか、親が自信を持って子育てをしていくことが、現代のたくさんの情報の中で迷い悩んでいる親にはとても大切だと思う。

親子関係はすべての人間関係の基本なので、コミュニケーションの仕方は親子の間だけでなく、自分が関わるいろいろな人との関係も改善できる。

愛が伝わりやすい子を持っていて、現在は悩んでいない人には予防の処方箋として、また実際に、

「なぜわが子は、私をこんなにイライラさせるのだろう……」

と悩んでいる人には、長男との葛藤のなかで私がどうやって、完璧な子どもや完璧な親の幻想から開放され、ありのままの子どもを受け入れ、ありのままの自分自身も受け入れられるようになったか、私の経験を少しでもよい親子関係を築いていくための、参考にしていただければ嬉しい。

わが子と心が通うとき●目次●

はじめに　3

第一章　息子と格闘した日々――いじめを乗り越えて　15

幼稚園入園前――虐待としつけは紙一重　17
パーフェクトマザー・パーフェクトチャイルドの幻想　30
幼稚園時代――先生との葛藤　35
罪滅ぼしにＰＴＡ役員　39
小学校低学年――噛み合わない親子の関係　42
学校制度への疑問　46
いじめに気がつく　50
親業訓練講座を受ける　54
子どもの行動を見つめ、自分の気持ちを見つめる　56
心を閉ざす〈お決まりの十二の型〉　61

〈能動的な聞き方〉 67
息子の気持ちが初めて見えた日 73
いじめがなくなる 77

## 第二章 関係を築く〈親業〉の方法 79

なぜ愛を伝えられないのか 81
もし子どもがいじめられたら 86
〈能動的な聞き方〉を練習しよう 91
くり返しと同意は違う 95
子どもが部屋へ引きこもったら 103
第三者で〈能動的な聞き方〉の練習をしてみる 106
わたしメッセージ 110
障害になる十二の言い方〈あなたメッセージ〉 113
三部構成のわたしメッセージ 116
〈わたしメッセージ〉には〈能動的な聞き方〉での〈切りかえ〉を忘れない 121

肯定のわたしメッセージ　123
相手の行動が変わらないとき　126
欲求の対立　128
〈親が勝つ〉　130
〈子どもが勝つ〉　132
〈勝負なし〉法　135
親の対応の仕方で子どもが反抗的になる　143
親子関係のよい循環と悪い循環　146
親の感じ方は常に変わる　149
〈親の価値観〉を伝える　155
〈模範になる〉　157
〈コンサルタントになる〉　161
〈自分を変える〉　169
平静さへの祈り　173

第三章　ＡＤＨＤ（注意欠陥・多動性障害）との出あい　175
『のび太・ジャイアン症候群』の本を知る　177
ＡＤＨＤ（注意欠陥・多動性障害）とは　186
長男はＡＤＨＤ（注意欠陥・多動性障害）だったかもしれない　192
ＡＤＨＤの子の素晴らしさ　201
先生との対応　207
どんな子がＡＤＨＤ（注意欠陥・多動性障害）か　213
子どもに自信をつけさせる　217
〈行動の四角形〉　220
第四章　対談　松本純・司馬理英子「ＡＤＨＤの子をどう育てる」　229
あとがき　253

装画／有元利夫「午後の部屋」　装幀／山本ミノ

# 第一章

## 息子と格闘した日々

### ――いじめを乗り越えて

## 幼稚園入園前――虐待としつけは紙一重

わが家はその当時夫婦と二歳の長男、生後六ヶ月の次男の典型的な核家族だった。夫の勤務の関係で育った東京を離れ、九州の社宅に住んでいた。

その当時の私は、まだ幼稚園入園前の息子たちに、

「他人に迷惑をかけない」

「ダメと言われたことはすぐ止める」

など私なりに一生懸命「しつけ」をしているつもりで、私の言うことを聞かないときは、二歳の長男に体罰も与えていた。

「鉄は熱いうちに打て」

「三つ子の魂百まで」

などと、日本にはことわざとして、小さいときのしつけがいかに大事かを教えるものが多く、私は初めての子育てですべてが手探り状態だったため、息子たちを小さいときから自分の思う

よい子にしようと無我夢中だった。

今から思うと、私は親や友人から離れた九州の地で、活発な息子たちをきちんと育てなくてはいけないと、頑張りすぎていたのかもしれない。

最近の子どもを虐待するニュースを読むたびに、しつけと虐待の間にはほんの少しの差しかないのを、自分の体験からつくづく感じる。

私の場合は、元気な息子二人の世話に振り回されて、長男が、

「夜寝ない」

「歩き出すのが遅い」

「おむつがとれない」

と次々悩んで、軽い育児ノイローゼ気味だった。

長男と次男は一歳半しか違わなかったので、私が生後六ヶ月の次男を抱いてお乳をあげている様子を、まだ二歳にもならない長男が恨めしそうに部屋の隅で指を吸いながら見つめていた。

長男は親の愛情をとられたと思ったのか、赤ちゃん返りをしてしまって、二歳になってもおむつがとれなかった。

他の同じ年ぐらいの子どもたちがどんどんおむつがとれていくなかで、他のことはなんでも分かってきたのに、いつまでもおむつのとれない長男に腹を立て、彼の顔に失敗して濡れたト

レーニングパンツを「バシッ！」と投げつけたこともある。

おとなになるまでおむつをしている人はいないと頭で分かっていても、失敗されると永遠におむつがとれない気がして、私が泣いたりもした。

まだ赤ちゃんで手のかかる次男と、遊びたい盛りの二歳の長男を一人で抱え、私は身体も精神もボロボロに疲れていたのだ。そんな私を、夫が協力的で休日には助けてくれ、たまに東京から九州まで手伝いに来てくれた私の母も、精神的、肉体的に支えてくれた。

あのころもし夫がもっと仕事人間で育児を手伝ってくれず、親も頼れなかったならば、

「しつけだ！」

「愛の鞭だ！」

と言いながら、私は自分のイライラを子どもにぶつけ、無意識に体罰をエスカレートさせていたに違いない。だから虐待のニュースを聞くと決して他人事とは思えないのだ。

虐待で子どもを死なせたケースを見ると、放置してしまう場合と、折檻がいきすぎてしまう場合とがある。

日本では最近までしつけの名のもとなら、親が何をしようと、少なくとも殺さない限りは、その是非が問われることはほとんどなかった。親が自分の子どもにしていることは、他人が口を出すべき筋合いのものではないという考えが、これまでたくさんの子どもを見殺しにしてき

てしまったと思う。

親が遊びたくて子どもを放置する場合は、問題外で議論の余地がないけれども、親が思いどおりにならない子どもにイライラして、自分も孤独で追いつめられ、しつけのつもりだったのがしだいにエスカレートしたケースも多いと思う。

子育てに苛立った私は、

「人生でこんなに思いどおりにならないものは初めて」

と思った。

昭和二十六年生まれの私は、高度成長期が青春で、世の中の合理性や効率性の成果を味わってきた。生活の利便さを願い、待つことや我慢することが苦手で、どんなものも意のままにできるという錯覚と傲慢さを、無意識に強めていたのだった。

しつけと信じて体罰を与えてしまうのは、愛情ではなくて虐待になってしまう場合があるにもかかわらず、親は愛情と信じて疑わない。

新聞に幼児虐待で捕まった親が、

「しつけのつもりだった……。いきすぎだったかもしれない……」

と言っている記事があると、自分のしてきたことを思い恐ろしくなってしまう。

私の場合は口で言っても聞かない長男に、体罰を愛情と信じて与えていた。手伝いに来てくれていた私の母は、自分の娘が孫を叩いている姿が信じられなくて、何度も忠告してくれた。

母は自分が飼い犬も叩けない性質で、一度も私を叩くことなしに育ててきたので、

「あなたは自分が叩かれたことがなくて、叩かれた人の痛みが分からないからそんなことができるのね」

と私をたしなめたが、私にしてみれば、息子を愛しているからこそそのしつけと信じていたので、

「言って止める子ならば、私だって叩かないわよ。この時期にきちんとしつけないと、本人だって将来困るのよ」

と言い返していた。

自分が息子を叩いていた姿で一番印象的なのは、社宅の前の道路で三歳ぐらいの子どもたちを遊ばせている私たちの横に、大きなオートバイがかげろうに包まれて不安定に立っていた暑い夏の日。

触ると倒れそうで、私たち親は、

「倒れると危ないから触っちゃダメよ」

と子どもたちに言い聞かせた。

その中で長男だけがどうしてもオートバイに触りに行ってしまう。

一度目は優しく「触ったら倒れて危ないから、止めようね」と言いながら息子を連れ戻す。

二度目は声が尖って「触ったら倒れて危ないのよ！」と怒りながら息子を連れ戻す。

三度目は「言っても分からない子は、危ないから叩くよ」とわめく。

四度目は「どうして分からないの……」と言いながら息子を叩いてしまう。

私にしてみれば「今度やったら叩く」と宣言してから叩いているので、行動をくり返す息子が悪いと思い込んでいた。だから息子を叩いても、私の心はちっとも痛まなかったし、その叩く行為を「愛の鞭」と信じていたのだ。

でも今から思うと、本当に危ないと思ったのならば、他の場所へ彼を連れて行けばよかったわけで、叩いてしまったのは、

「他の子はちゃんと親の言うことを聞くのに、なぜこの子は聞いてくれないの……」

という怒りが現れただけだったかもしれない。

他の子ができるのに、わが子だけができないことに苛立っていて、私自身に余裕がなく、

「好奇心の強い子だ」

「機械や乗り物がとっても好きなんだ」

と子どもの気持ちを思いやることができなかった。

私は自分が虐待されて育ったわけでなく、「自分自身が親に虐待されて育ち、それ以外に愛

情表現を知らない」という古典的な虐待をしてしまう親のタイプではない。

私の場合は、自分の思いどおりにならない子どもへの苛立ちが、体罰になってしまっていた。

冷静に考えると長男はとてもユニークな子で、いつも頭の中いっぱいに自分の考えがあり、他人のことが気にならない子だった。彼は常に前のめりの格好で走り回り、落ち着いて静かにしていることはほとんどなかった。

初めての子なので、小さいときは何をされても、

「子どもって、こんなに好奇心があるんだ……」

「子どもは、いたずらばかりするんだ……」

と余裕があった私も、社宅の中で同じ年の子どもたちと一緒に遊ばせるうちに、

「なぜ、この子は言っても分からないのだろう……」

「どうして、この子はダメと叱っても止めないのだろう……」

と三歳のわが子を他の子と比べて、イライラしてしまった。

一歳半違いの弟が、どちらかというと落ち着いていて、親の言いつけを守る子だったので、冷静に考えたならば長男の行動は、親のしつけのせいだけではないと分かったはずだ。

でもそのときの私は、落ち着きのない長男を、少しでもおとなしいよい子にしようと必死だった。私は自分が「しつけの悪い親」と言われたくないために、一生懸命しつけをしようと頑

張ってしまったのだ。

私には子育ての大事な基本の「子どもをありのままで受け入れる」という姿勢が徹底的に欠けていた。

男の子と女の子の違いも忘れ、自分だってひどいいたずらをしていたかもしれないのに、「親の言うことを聞く子がよい子」

という思い込みで、何とかわが子を私の理想の子どもにしようと張り切ってしまった。

この思いがエスカレートして、私はその後「パーフェクトマザー、パーフェクトチャイルド」を目指してしまったのだと思う。

次男は少し気が弱くて「みんなと同じでないと不安」なタイプの子だったため、ちょっと私が大きな声を出せば、すぐいたずらを止めただけでなく、放っておいても他の子たちと仲良く遊び安心できた。次男は体罰を与えなくても、口で「ダメ！」と言うだけで、私の顔色を見てすぐ行動を止めることが多く、長男よりはしつけが格段に楽だった。

長男は次男と正反対にひたすらわが道を行く子で、親の顔色や機嫌も関係なく、自分の関心のあることにいつも熱中していた。

長男は自分の欲しいものがあると、ひっくり返ってその場を動かない子どもだった。

自分の子どもが目の前でひっくり返って、あくまでも自分の欲求を表すタイプだと分かったときのショック！

　それまでは外で子どもがひっくり返って、駄々をこねているのを見かけたときは、

「なんてしつけの悪い親だろう」

「甘やかすからいけないのよ」

「けじめを教えなくては……」

　と若い私は思っていた。

　けれども性格が正反対な息子たちを悪戦苦闘しながら育てるなかで、親がいくら教えても、努力をしてもひっくり返る子と、ちょっと「ダメ！」と言っただけで行動を止める子がいることを学ぶことができた。

　そのころの社宅からスーパーへ行く道の途中に、十円でおもちゃが出てくる「ガチャガチャ」という機械を店先に置いてある場所があった。

　二歳の長男は、

「おもちゃはいつも買うわけにはいかないのよ」

「泣いても買いませんよ」

　といくら言い聞かせても、

「欲しいよ！　欲しいよ！」

とその場でひっくり返ってしまう。

ここで親が負けたら絶対にいけないと思い、ひっくり返った息子をそのままにして私は歩き出す。

普通なら置いていかれる恐怖から親の後を追いそうなものと、後ろを見ないで私は歩き続ける。

五歩、十歩、二十歩いつまでたっても息子の足音がしないので、とうとう心配になった私は振りむいてしまう。私の目に入るのは、十五メートル先でひっくり返っているわが子の足。ここで戻ったら甘やかしになると思い、でも置いていくのは心配で、近くの電柱の陰に隠れて様子を見る。

五分、十分、二十分。結局私が根負けして息子のもとへ戻り、十円出してしまい、出した自分に自己嫌悪。

私が子どものときは一度もひっくり返ったこともなく、とてもよい子だったと母に言われていたので、

「なぜ？　なぜ？　私の子がひっくり返るの」

と自分の育て方の、どこがいけなかったのか自問自答して、

「今日こそは絶対に負けない！」

と決心し、毎日の買い物に息子を連れて出かけた。

そのころは預ける人もなく、いやでも子どもを連れて買い物に行かなくてはならず、スーパーの中や道の途中でひっくり返る可能性のある息子と、毎日精神的に戦っていた。

彼と対決しながら、負ければ自分が甘かったと自分を責め、勝っても次のときのことを思うと憂鬱になってしまう毎日だった。

「ダメ！」といくら言って聞かせても、自分の思いを主張する息子を連れて買い物に行くのは、毎日息子と戦争しているようなもので、その当時は子育てが楽しいと思えないでいた。

それでもまだ私には社宅の中に、同じような年の子どもを持った仲間がいたので、おやつを一緒に食べさせたり、外で仲良く遊ばせたりして息ぬきができた。

もしあのときに近所の友人もいなく親もいなくて、子どもとだけ向きあっていたのなら、私は深刻な育児ノイローゼになっていたと思う。

そのころの私の悪戦苦闘振りを見ていた隣人に、

「初めてのお子さんで分からないから、あなたは普通と思って育てているかもしれないけれど、あなたのお子さんは変よ。私はたくさんの友人の子どもたちを見てきたので言えるのだけれど、普通はあんなに走らないいし、泣いたりしないのよ」

と言われ、友人にも、

「あなたの長男は、もし将来とても有名になったら、『あの子は小さいときからユニークでした』と私たちもインタビューに答えられるけれど、もしも間違って事件を起こしたら、『あの子は小さいときから変でした』と言ってしまいそうなタイプだから、親の責任はとても重大よね。次男は普通のサラリーマンになりそうな気がするけれど……」

と言われた。

わが家の長男は扱いが難しいと思われたらしく、三歳のときすでに子どもたちの間で仲間はずれにされたことがある。

近くの幼稚園に行っているお子さんで、公園でそれまでなんとなく三人で仲良く遊んでいた三歳の子どもたちの中から、長男以外の二人だけ連れて家へ帰ってしまう子がいた。長男も一緒に行こうとすると「おまえはダメ」とはっきり言われて、泣いて帰ってくる日が続いた。

とうとう私はその子のお母さんに、

「一人だけ仲間はずれにされると、いくら小さくても傷つくので、一緒に遊ばせてもらえないかしら……」

とお願いした。

「ごめんなさいね。でもうちの息子もとても疲れていて、せめて家では気に入った子たちと遊びたいのよね。お宅の長男は言うことを聞かないからイヤみたいよ」

　と言われ、同じ時期に他の人にも、

「私の家に次男は遊びに来させてもよいけれど、お宅の長男はいくら私がダメと言ってもいたずらを止めないので、私がイライラしてしまうのよ。私の体調の悪いときは遊びに来させないでね」

　と言われた。

　私が口で叱っても行動を変えない息子を、なんとか一生懸命に体罰もして、しつけをしているつもりでも、いつもまわりからは、

「しつけがたりない。けじめがない」

　と長男のことを責められ、

「変わっている」

　と言われて、つい必要以上に長男に対して、

「この子を普通のよい子にしなくっちゃ！」

　と私は思い込んでいた。

# パーフェクトマザー・パーフェクトチャイルドの幻想

私は長男をよい子にしたいと強く思ったため、子どもらしい彼のよい面を認めにくくなってしまったのだと思う。

夫は自分が次男でマイペースにやってきた人なので、自分の価値観を子どもたちに押しつけず、子どもたちの行動に寛容だった。

私だけが自分の持っているよい子のイメージを子どもに押しつけたくて、ジタバタしていた。

私自身は幸いなことに親から何も押しつけられずに、のびのびと生きてきたので、押しつけられたときのいやさを知らずに、

「愛しているからこそ、子どもにはきちんとしたしつけをして、ちゃんとした人生を送らせてあげたい」

と本気で思って、子どもたちを自分の思うレールに乗せようとしていた。

自分があまり苦労もしないで学校にも適応できたので、適応できない場合を想像もできず、

適応できてあたりまえと思っていた。

無意識に、自分がやってこられたのだから、

「私の子はよい子で、ちゃんとした学校に入れるはずだ」

といったい何が「ちゃんと」なのかに疑問を持つこともなく、子育てを始めてしまった。

今から考えると偏狭で恥ずかしくて「ギャー！」と叫びたくなるのだけれど、息子が産まれたころの私の子どもへの期待や幸福感は、自分が企業のサラリーマンの妻として幸せにやっていたので、

「子どもの知的能力を早くから開発して、有名小学校に入学させ、なんとか有名大学に入れて、大きな企業に入社させ、子どもに幸せな人生を送らせたい」

というものだった。

私のように、

「自分が恵まれて幸せにきたので、子どもにも同じような人生を……」

と願う場合と、

「私や夫がしたような苦労をわが子にはさせたくない……」

と教育ママになってしまう場合と、同じように子どものお尻を叩くのでも、動機が正反対の場合がある。

私の場合は私立の中学校から大学まで一緒だった友人たちと、自分たちの学生時代が恵まれていたので、

「あの私立以外の学校は、考えられない」

「どうしても入れたい！」

などと平気で言っていたし、他の学校を知らないので、他の可能性を考えられなかった。

今になってみれば、何と狭くて偏った考えだろう。こんな私があのまま息子のお尻を叩き続けていたら、息子は完全につぶれていたと思う。

私たち夫婦は同じ大学で知り合い、友人も同じ学校という人が多く、私は自然に自分の子どもを母校へ入れたいと思った。

わが子の希望とか可能性とかを何も考えずに、ただただ母校に子どもを入れたかった。

そのころは自分のことを子どもの幸せを願う普通の母親としか思わず、自分がパーフェクトマザーを目指し、わが子に私の期待にちゃんと応えるパーフェクトチャイルドを求めていたとは思いもしなかった。

マスコミは「お受験」と最近の教育ママたちの騒ぎをとりあげるが、渦中にいると子どものために自分がしていることを、なぜまわりから悪く言われるのか分からない。

問題が起きないと、なかなか自分のしていることのむごさに気がつかないのだ。

私は息子がいじめられたことをきっかけに、自分の価値観が狭く偏っていて、それを子どもに押しつけようとした自分はひどい親だったと、やっと自分のしてきたこと、しようとしていることの理不尽さに気がついた。

息子が小さかった日々の私の苛立ちは、子どもについて、

「こうあってほしい」

「こうでなければだめ」

という理想を追い求め、それに応えてくれないわが子の行動に、常にイライラしていたものだった。

私はその当時大学へ行くことはあたりまえと思っていて、そのためには小さいときから勉強をさせたいと願い、勉強の嫌いな息子と葛藤をくり返していた。

大学へ行かなければ幸せになれないとまで思い込んでいた。せめて自分の学歴を子どもに越えてほしいと思ったことが、自分も子どもも縛ってしまった。

私の父や母は努力の人で、大学へは行っていない。私は人間的に素敵で尊敬できる二人を見ていて、人間の価値や幸せと学歴は何も関係ないと分かっていた。

それなのに私は長男のことを、

「性格は素直でやさしいね」

と言われても、

「性格だけで会社は雇ってくれないのよ、男の子は妻子を養わなくてはダメよ」

とあくまでも勉強の嫌いな彼を、なんとか大学まで行かせようと思っていた。

自分の価値観を見つめ直す機会に出あわなければ、私は子どもの気持ちを考えないひどい教育ママの典型で、その後の息子たちとの関係は目茶苦茶になっていたと思う。

当時の私は息子を愛する気持ちに自信があったので、まさか自分の愛情が息子を精神的に追いつめるはずがないと信じていた。私は親の愛情が子どもに伝わらないことがあったり、場合によっては親の存在が子どもの害になることがあるとは夢にも思わなかった。

私の東京の友人たちは三歳から幼稚園の受験のために、塾に子どもを通わせる人が多く、そうすることがあたりまえの世界にいた。

「わが家はまだ東京ではなく九州の田舎に住んでいるので、受験戦争に巻き込まれなくてよかった」

と私は言いながら、九州で息子たちを水泳教室と、子どもクラブのような児童教室、そして音楽教室にも入れて、本気で子どもたちをのびのびさせていると思っていたのだから恐い。

私は「子どものため」と言いながら、実は子どもの自主性を奪い、「私が望む子ども」という型に彼らをはめ込もうとしていただけだったのだ。

# 幼稚園時代——先生との葛藤



小さいときから長男はマイペースな子で、幼稚園の入園前もしょっちゅう近所の子といざこざを起こしていたし、幼稚園に入っても人間関係がとても下手で友達のいない子だった。

次男はたった一歳半違いで、彼には生まれたときから兄がいたので、いつも兄のことを気にしていたせいか、兄とは正反対に友人関係が上手な子だった。いたずらをするにしても、兄は親に怒られることを気にしないでやり、弟は親の顔色を見ながらやるタイプだった。

私は同じように育ててもまるで違うタイプの二人を育てていたのだから、もう少し余裕を持って、それぞれの子どものよい面を認めてやればよかった。

けれども長男のことで、

「お母さんのしつけが悪い」

とまわりから責められることが多く、私に余裕はなかった。

「なぜこの子は私が体罰まで与えて厳しく育てているのに、他の子と同じようによい子にしていられないのだろう……」

と悩んで、子育てがつらくてたまらなかった。

長男は他人の行動が気にならないから、幼稚園の集団行動もうまくいかず、幼稚園の先生との面談では、

「彼には非常によいところもあるのですが、お友達に対する働きかけが下手で、どうしても孤立するのですよね」

と私はいつも言われた。

次男は反対に寂しがり屋の友達大好き人間だったので、

「彼は友達が多く、心配することはありません」

と先生に言われた。

ひどいときは午前中の面談で、体罰まで与えて怒っていた長男のことを、

「お母さんが怒らなさすぎるから彼にはけじめがないのです。もっとしっかり怒ってください」

と担任の先生に言われ、午後には次男の担任の先生から、

「彼は人の顔色ばかり見て、ちょっと注意してもグサッと傷つくのが私にはよく分かります。彼にはもっと自分の殻を破ってほしいので、どうかお母さんが怒りすぎないようにしてくださ

い」

と言われたこともある。

これではまるで私が二重人格のようではないか。きっと幼稚園の先生たちの間では、私は変わった親と思われていたに違いない。

「怒らなさすぎ」と言われると同時に、「怒りすぎ」とも言われて、私は混乱してしまった。

転勤で東京に戻り、近くの幼稚園に息子たちを入れた私は、長男の先生から、

「誕生会をぜひクラスのお友達を呼んでなさってください。誕生会が機会になって、お友達ができることもあるのですよ」

と言われて、東京では先生が子どもの誕生会の心配までしてくれると驚いた。

でも他には同じようなことを言われた子は一人もいなかったので、先生はクラスの中で孤立している長男のことを、本気で心配してくれたらしい。

先生が長男の行動にびっくりして、私にしてくれた話は、先生のクラスが他のクラスに遊びに行ったときのことだった。一時間ぐらい楽しく遊び、いよいよ全員で自分たちのクラスに戻るときに、長男は何かそこで興味深いものを見つけて、一人で残ると騒いだらしい。

先生は、

「今は残りたいと言っていても、実際に私もお友達もいなくなったら、自分のクラスに戻って

くるに違いない」

と思い彼一人を残して戻ったのだが、案に相違して彼は一人で他のクラスに居続けた。

とうとうそのクラスの先生に、

「どうしましょう……」

と先生が言われてしまい、いつまでも一人で平気な長男に心底驚いたということだった。

長男が孤立しても集団行動がとれなくても、その幼稚園が勉強も関係ないのびのびした雰囲気だったので、

「彼はとても個性的ですよ」

「ユニークな発想をするので見ていて楽しいです」

などと好意的に言ってくれる先生もいた。

私も多少のことならば、

「ギャングエイジだから」

と寛大になれる余裕も残されていた。

長男が小学校に入学してから、先生たちの非難を浴び続けたことを思うと、幼稚園時代は親子ともまだ楽だった。

## 罪滅ぼしにＰＴＡ役員

息子が幼稚園で先生に迷惑をかけているのは事実だったので、せめてもの罪滅ぼしのつもりで、私はＰＴＡの役員を積極的に引き受けてしまった。

そのことで一部の人たちからは、

「松本さんは役員がお好きなのよね……」

と言われてしまうことになる。

けれども私は好き嫌いの問題ではなく、

「こんなに手のかかる息子を、しっかり見てくださってありがとうございます」

と感謝の気持ちで、つい役員のなり手がいないと引き受けてしまったのだ。

よく子どもが問題を起こしたときに、まわりの人の意見として、

「お母さんはＰＴＡの役員もして、とても教育熱心でした」

とマスコミに書かれることが多いけれど、自分の経験から、

「もしかしたら人間関係の下手な子なので、親は特に教育熱心でなくても、つい役員を引き受けてしまう心境だったのかもしれない」

と思ってしまう。

私の場合は幼稚園でもＰＴＡの役員を引き受けたけれど、長男が小学校に入学してからは、無理をしてでも役員を引き受けていた。

長男に協調性がないということで、担任の先生がクラス運営に苦労するのが分かり、少しでも自分にできることで先生に協力したかった。

いくら注意しても、自分の思いを優先して、親や先生の言うことを聞かない長男なので、結果的にいつも先生に、

「しつけの悪い親」

「けじめのない子ども」

と思われ私はつらかった。

そのため役員を引き受けることで、少しでも、

「私はそんなに悪い親ではない」

と先生にアピールしたかったし、先生に、

「そんなにこの子は悪い子ではないのですよ」

と言えるチャンスがほしかった。

もちろん教育熱心で、心から学校に協力したくて引き受ける人もいれば、順番で逃げられなくてイヤイヤという人まで、役員を引き受ける動機は千差万別だと思う。

私のように、子どもが迷惑をかけて申し訳ないと思って引き受ける場合もあるのだ。

# 小学校低学年——噛み合わない親子の関係

長男が一年生になり、小学校が近くの公立だったため、同じ幼稚園の友達も近所の友達もみんな一緒に通うことができた。

私は元気に学校へ通う長男を見ていて、学校生活には何の不安も感じないで、毎日送り出していた。

小学校に入っても長男の性格が急に変わるわけではなく、彼は相変わらず一人遊びが好きだった。一歳半違いの弟がいるにもかかわらず、一人でプラモデルを熱心に作ったり、車の本や絵本を読みふけっていた。

弟が社交的だったので、近所の子どもたちが遊びに来ることが多かったけれど、みんなが来ても気がつくと長男は一人で遊び、次男だけが友達と遊んでいるのだった。

私の気持ちの中に、

「友達と遊ぶのが一番」

「一人は寂しい」

という思いが強かったので、何とか友達を増やしてやりたいと、機会があるたびに友達を誘うように言ったり、呼んだりしていた。

私自身は人見知りもなく、家族ぐるみで付きあっている友人も多く、積極的に長男に人間関係の楽しさを体験させようと思っていた。

今から思うと一人が好きで、人と違っていても気にならない彼の性質は、自分が確立されているという面もあり、付和雷同の自分がない子どもよりは貴重な性質だったのに、

「みんなと仲良く」

が一番と思い込んでいた私には、すぐ一人になってしまう長男は悩みの種だった。

ある夏の日、小学生の子ども六人を母親四人で連れて出かけたときがあった。その場所で一人の子がアイスクリームを食べたがり、すぐに残りの子どもたちも食べたがったことがあった。たまたま長男はそのとき食べたくなかったのか、五人が食べていても一人だけいらないと言って食べなかった。

その様子を見ていた他のお母さんから、

「うちの子なら、食べたくなくても他の子がみんな食べていたら欲しがるのに、彼は小さいのに自分があって偉いね」

と言われた。

同じようなことでもよい面を見ると、

「自分がある、他人に左右されない、しっかりしている」

と思え、悪く見るときは、

「わがまま、自分勝手、協調性がない」

と思えてしまうのだから、人間の評価なんていい加減なものだとつくづく思う。

でも当時の私は、

「みんなと仲良く」

「みんなと同じ」

が大事と信じて、なんとか長男に協調性をつけさせようと必死だった。

けれどもいくら私が長男を友達と仲良くさせようと努力しても、彼は相変わらずのマイペースで一人遊びが多く、それを心配した私の友人から、

「将来彼の奥さんが苦労するから、今のうちに協調性はつけておいてあげないとダメよ」

と言われたこともある。

残念ながら学校での長男は、彼の悪い面だけを先生に見られる場合が多かった。彼にとってはみんなと同じことをしなければいけなくて、自分を主張できないクラスの中は、とても苦痛

だったらしい。

　そのころの私は学校制度に疑問も持たず、ひたすら長男を先生に気に入られるよい子にしようと頑張っていた。

　最近になって学級崩壊や先生の不祥事が取り上げられるようになって、やっと学校制度にも疑問を持つようになったけれど、そのころの私はわが子が悪いと思い込み、学校制度にも問題があるとは夢にも思っていなかった。

# 学校制度への疑問

私は社会学者の宮台真司氏の講演会を聞いて、

「私がよい子にしたいと思って、学校に何とか適応させようと努力してきたことは、子どもを上質な工場労働者にしようとしていたのかもしれない……」

と感じ愕然としてしまった。

宮台氏によれば、現在のように小さな子どもが五時間も六時間も椅子に座り続ける学校制度は、ここ何十年の日本が近代国家になってからのことで、昔はまるで違っていたということだ。日本の近代学校教育は、近代国家が上質な工場労働者を大量に作り出すためのシステムなので、学校ではみんなと同じことができなくてはいけないし、先生の言うことをきちんと聞けなくてはいけない。

今のようにみんなと同じことができないということだけで、落ちこぼれていく学校システムは、学級崩壊という形で、子どもたち自身から「真の学習とは何なのか」を学校や教師が問いかけられているのかもしれない。

もちろん学級崩壊の原因は複雑で、これから解明されていくと思うが、親の私たちにも原因はある。

私は高度成長の波の中で、なんでも効率よく早くすることが最上とされる世の中に疑問を持たずに、子どもの成長のプロセスを評価しないで、結果ばかりに気を取られるようになってしまった。

勉強が自分を豊かにする知的な糧というよりも、試験で少しでもよい結果を出すためのものになっていくなかで、授業そのものに子どもたちの意欲が湧かなくなっている事実にも気がつかなかった。

高度成長時代に必要とされた人材は、上からの命令を守り、きちんとみんなと同じことができ、自分の意見を言わない協調性のある人間だった。

社会が豊かになっても、なかなか親や世間の価値観は変わらない。子どもたちにいつまでも均一性を要求してしまう。

社会が成熟し、工場の単純作業はだんだん機械が人間の代わりをするようになり、人間は創造的なことでしか機械に勝てない世の中になってきて、社会が学校に要求することが変わってきた。

工業が花形だった時代の学校カリキュラムは、デジタル化が進む現代社会にあわなくなり、長男のように人と違うという資質が貴重になってくる時代が、そこまで来ているような気がする。

けれどもたとえ学校制度の問題があっても、まだ学歴社会がなくなっていない日本で、学歴にこだわる私の価値観が息子を追いつめると分かってからも、

「あなたの幸せと学歴は関係ないよ」

と息子に心から言えるようになるまでには、大変な葛藤があった。

サラリーマンのわが家は子どもたちに継がせる家業も技術もない。私は継がせるだけの財産もないので、子どもたちに残してやれるのは教育だけしかないと思っていた。できるだけの教育を受けさせるのが、親の愛だと信じていた。学歴だけで幸せになれるとは思っていなかったけれど、彼が幸せになるのに最低限必要だと思っていたのだ。

やっと長男が十八歳になったときに、それまでの葛藤を経て、

「彼の人生は、彼が選ぶもの」

と最終的に思えるようになった。

長男は小さいときから、

「ぼくは、ぼくだよ」

と行動で主張する子だったので、私はしかたなく少しずつ彼を私の思っているパーフェクトチャイルドにするのを諦めた。

私と違う価値観を持った息子を、ありのままに認め受け入れるのは、私にとって試練だった。でもその試練を乗り越えたときに、初めて私と息子は対等なよい関係を結ぶことができたのだ。

小さいときはよい子で、親の期待に添った子が中学、高校で自己主張を始めるともっと大変だ。親にしてみたら、昨日までパーフェクトチャイルドと思っていたわが子が、急に反抗しはじめるので、どうしたらよいか分からない。

親は理解するよりも強圧的になってしまいやすく、きちんと子どもの存在を認め、受け入れることができない。子どもは親の期待に応えられない自分が情けなくなって、余計に反抗してしまいやすい。

最近の不登校や引きこもりは、学級崩壊と同じように学校制度にも親の意識にも問題があり、原因が複雑だ。わが家の場合は、私が息子を認めることができなくて、不登校の一歩手前まで息子を追い込んでしまった。

私の無理解と、個性よりも協調性が尊重される日本の学校制度の中で、長男はとても苦しんだ。

# いじめに気がつく

長男が小学校一年生のときの私は、日本の学校制度にまだ何の疑問も持たず、

「なぜこの子はみんなと同じことができないのだろう……」

と先生と一緒になって無意識に彼を責めていた。

子どもはとても敏感なので、ただでさえ人間関係が下手な長男は、母親が自分を責めていて、決してありのままの自分を受け入れてくれていないと感じていた。そして責めてばかりの私には、心を開いてくれなくなっていった。

だんだん長男との関係が悪くなりながらも、私は長男の幸せを願って、長男をよい子にしようと必死だった。

「学校でちゃんとして、みんなと同じことができなくてはいけない」

と心から思い込んでいて、長男の行動を否定ばかりしていた。

長男が小学校二年生の三学期に、友人から、

「お宅の長男がいじめられているみたいよ」

と衝撃的な電話をもらった。

彼女はたまたま用事があって学校へ行き、長男が何人かに囲まれて叩かれたり、蹴られたりしているところを、偶然目撃したというのだ。

初めは喧嘩かと思った彼女も、一人対多人数だったのがとても気になって、帰宅してから同級生の自分の子どもに何気なく聞いてみたところ、

「彼はいじめられてるんだよ……」

と答えたので、びっくりしてすぐ私に知らせてくれたのだった。

十六年前は今ほどいじめの問題が社会問題化していなかったので、いじめられていると言われても、

「まさか……」

としか思えなかった。

さっそく帰宅した長男を、

「いじめられているの？」

「誰にいじめられているの？」

「いつからなの……」

と私は質問攻めにした。

彼は、

「いじめられてなんかいない」

「知らない」

「分からない」

と言うばかりで埒があかない。

しかたがないので、他の友人に聞いたり、長男の様子を観察してみた。すると確かに身体にあざがあったり、かさが壊されたり、くつがなくなったり不審なことが続いた。

私は心配で、担任の先生に相談した。先生には、

「ぼくの見る限りいじめはありませんし、クラスの子はみんなよい子で、問題があるとすれば、松本さんのお子さんですよ」

と言われてしまった。

先生にしてみれば、長男は孤立しやすく何を考えているのか分からないため、扱いにくかったのだと思う。

それに小学校二年生の子どもでも、自分が怒られるように、相手を先生の前で殴ったり蹴ったりするはずがない。

長男のときも、先生の見ていないところで、殴られたり蹴られたりしていた。現場が目に入らないので、よほどでなければ先生にいじめが分かるはずはない。

そのときの担任の先生も、熱心なよい先生だったのだけれど、結果的には長男がいじめられていることを分かってくれなかった。

子どもが遺書に「いじめられた」と書いて自殺した場合でも、先生たちが、

「気がつかなかった」

「いじめはなかった」

とマスコミに答えているのを見て、心からがっかりしてしまう。それぐらいいじめは先生に見えにくいことだと思う。

そして私も分からなかったように、親もなかなか気がつかない場合が多い。

# 親業訓練講座を受ける

先生に相談してもダメ。本人に問い詰めてもダメ。どうしたらよいのか分からなくなった私に、

「親子関係に問題があるかもしれないから、親業訓練講座を受けてみたらどうかしら」

と言ってくれた友人がいた。

私は〈親業〉という名前を聞いたことがなく、

「しつけ教室のようなものならいやだな……」

と思いながらも気持ちが袋小路に入ってしまっていて、わらにもすがる思いで受ける決心をした。

親業訓練講座というのは、アメリカの臨床心理学者トマス・ゴードン博士が開発した、三時間の講座を週一回、八週間連続で受けて、コミュニケーションの仕方を学ぶものだ。

理論だけでなく、体験学習をしたり、ディスカッションをしたりしていくなかで、自分自身

にも気づいていけるという、素晴らしいプログラムだった。

私は夫や母や他人にいくら言われても、私自身の価値観や、自分の子どもとのコミュニケーションの仕方の欠陥に、なかなか気づくことができなかった。

けれども講座を受けていくなかで、

「どんなに愛情があっても、子どもとコミュニケーションがきちんととれてなくて、愛情が伝わっていなければ、その愛情はなかったのと同じになってしまう」

という信じたくない真実に気づくことができた。そして自分で気づいたことによって、私の子どもへの対応は変わった。

それまでの私は、愛情はありさえすれば必ず子どもに伝わると信じていた。幸か不幸か自分の親との関係がよかったので、親の愛情は伝わるものと思って、疑ったこともなかった。その自信が、

「親は何をしても大丈夫、愛情さえあれば……」

と思い込む原因になったのだけれども。

担任の先生がいじめに気がつかなかったのもショックだったけれど、身近にいる親に愛情があるにもかかわらず、それどころか、かえって愛情が邪魔して、親に子どもの気持ちが見えなくなる場合があると、自分の経験から分かり、もっとショックだった。

# 子どもの行動を見つめ、自分の気持ちを見つめる

それまでの私は長男のことを「協調性が無い」「わがまま」とか、抽象的なとらえ方しかしていなかった。

インストラクターから、

「相手の具体的な行動を見てください」

と言われ、

「人間はある行動を見たとき、それをそのままでよい〈受容〉と感じるか、イヤだ変えさせたい〈非受容〉と感じるかのどちらかしかありません」

と言われた。

その当時、二年生だった長男に対しては、

「イヤだ変えさせたい」と感じる行動が、〈友達が来ても一人で本を読んでいる〉〈朝マンガを読んでいる〉〈すぐにテレビのスイッチを入れる〉〈宿題を忘れる〉〈ランドセルを自分の机に

運ばない〉など、具体的な形で怒濤のごとく次々に出てきて、その「変えさせたい行動」のリストは二十以上にもなってしまった。

反対に、

「そのままでよい」

と思う行動は、なかなか出てこなかった。

どんなに考えても〈弟にお菓子を分ける〉〈友達におもちゃを貸す〉〈一人で留守番をする〉とか三個ほどしか出てこなかった。

その〈非受容〉と〈受容〉のリストの長さがあまりに違うので、

「私はこんなにわが子を否定的な目で見ていたのか……」

と自分で気づき、鉛筆を握っていた手が震えるほどショックを受けた。

長男には優しい面とか繊細でよい面がたくさんあったはずだ。けれども彼は自分の行動を、私がいくらダメと言っても止めなかったので、私はそんな彼の行動を見て、苛立ってばかりだったのだ。

そのため私は、どうしても彼の行動を、

「イヤだ。変えさせたい」

と感じる場面が多かった。

親業訓練講座では、相手の行動を自分がどのようにとらえるかによって、コミュニケーションの対応の仕方が違うことを学ぶ。

コミュニケーションをきちんととるためには、まず親が自分の気持ちを正直に見つめなくてはいけない。

自分が相手の行動を「よい」と受容しているのか、それとも「イヤだ」と非受容なのかによって、対応の仕方が違うので、親が自分の気持ちを知ることが一番重要になってくる。

ここが普通のしつけ教室とまるで違うところで、

「こんな子に育てましょう！」

「こんな母親になりましょう！」

などと理想の子どもにしつけるやり方を学ぶのではない。

親と子の間に気持ちを正直に率直に伝えあう〈心のかけ橋〉を築く、その築き方を学ぶのだ。

お互いの間に〈心のかけ橋〉が築けて、初めて私は自分が子どもに何を伝えたいのか考えられた。

それまでは息子との間にかけ橋を築くことに右往左往していて、肝心の「私は何を彼に伝えたいか」まで考える余裕もなかった。橋を通じて子どもに伝えたいことは、一〇〇の家族がいれば一〇〇の違った価値観があるわけで、その価値観までは講座では教えない。伝え方を学ぶだけなので、「自分は何を伝えたいのか」を自分のテーマとして、自分で考えることができた。

それまでの私は、自分と親との関係がよかったので、親子の間に〈心のかけ橋〉は、努力をしなくても存在するものとばかり思っていた。

けれども息子がいじめられたときの経験から、私のように思い込みが強くてコミュニケーションの下手な親と、長男のようにまわりに理解されにくくてコミュニケーションのとりにくい子がいることが分かった。

親と子だけではなくすべての人間関係で、コミュニケーションの下手な人や、コミュニケーションのとりにくい相手はいるので、私が講座で学んだことは、親と子だけではなく、私が関係する人たちとの人間関係を改善するのに役に立った。

それまでの私は、親やまわりからあまり押さえられないで育ったため、自己主張は得意だけれど、相手の立場に立ったり、相手の気持ちに共感するのが不得意だったのだ。

たくさんの育児書に、

「子どもの気持ちを聞きましょう」

と書いてあるけれど、実際にどうやって聞いたらよいのか、具体的なやり方はなかなか書いていない。

そして親の気持ちの状態によっては、聞きたくても聞けないときがあることを書いていない。

私は講座を受けることによって、親が子どもの行動を、

「イヤだな……。困ったな……」

と感じる場合は、その行動がたとえ子どものSOSのサインであったとしても、親は子どもの気持ちを聞くことができないということを、体感としてそのとき学んだのであった。

# 心を閉ざす〈お決まりの十二の型〉

親は子どもが心配で、一生懸命声をかけるのだけれど、言えば言うほど子どもは黙ってしまうという経験をしたことがないだろうか？

子どもが受験に失敗したり、何かに挫折したり、いじめられたり、子どもが傷ついていることが分かるのに、なんと声をかけてよいか分からないことがないだろうか？

親業訓練講座では、子どもが問題を抱えてつらい思いをしているときに、親が言いがちな障害になる〈お決まりの十二の型〉を学ぶ。

ゴードン博士はその著書『親業』の中で、親のさまざまな反応は、だいたい次の十二の型に分類できると述べている。

一、命令「子どもに何かするように（しないように）言う、命令する」

二、脅迫「子どもにあることをすればどんな結果になるか言う」

三、説教「子どもに何をすべきか、すべきでないかを言う」
四、提案「どうしたら問題が解決できるか、子どもに代わって答えを出してしまう」
五、論理「論理、親の意見などで子どもの判断に影響を与えようとする」
六、非難「子どもに対して否定的な判断、評価を下す」
七、同意「子どもの言ったことに同意する」
八、悪口「子どもの悪口を言ったり、馬鹿にしたりする」
九、解釈「子どもの行動を分析したり、勝手に解釈したりする」
十、激励「励ましたり同情したりして、今の状態から抜け出させようとする」
十一、質問「親が問題を解決するために、質問して原因、理由を知ろうとする」
十二、ごまかし「子どもの注意を他へそらし、親自身も問題から逃げようとする」

この障害になる〈お決まりの十二の型〉は、子どもが自分で問題を解決できると、親が信じていないことを子どもに伝えることになる。

この言い方は親の思いや気持ちばかり言うので、言われた子どもは、

「親は自分の気持ちを全然分かってくれない」

「親は自分の悩みを真剣にとりあってくれない」

などと感じて、それ以上親に悩みを話す意欲をなくしてしまう。

親は子どもを愛しているために、少しでも早く悩みを解決したくなり、この言い方をしてしまう。けれども皮肉なことに、この言い方では子どもは心を閉ざしてしまう。

親は子どもが困っていると分かった場面で、子どもが自分で解決できると信じ、子どもを支える余裕がなくなってしまう。そしてついこの〈お決まりの十二の型〉で、言ってしまうのだ。

私は自分の息子がいじめられているという事実が分かったときに、それを頭から信じたくなくて、

「まさか……」

と疑う気持ちと、

「本当なら困った。一日も早くいじめを止めさせなくては……」

の思いで、この十二の型のすべてをやってしまっていた。
一、命令「相手の子の名前をお母さんに言いなさい！」
二、脅迫「誰にやられたか言わなければ、夕食は食べさせませんよ」
三、説教「やられたことをちゃんと説明できないと、親には分からないでしょ……」
四、提案「相手の親にお母さんが会ってあげるから……」

五、論理「いじめというのは、どんな場合でも相手が悪いのよ」
六、非難「何か弱みを見せたんでしょ」
七、同意「言いたくなければ、言わなくても良いわよ」
八、悪口「意地悪されるようなことを、あなたがしたんでしょ」
九、解釈「あなたがわがままだと思われてるのね」
十、激励「いじめなんかに負けないで強くなろう！」
十一、質問「誰にいじめられているの？」
十二、ごまかし「もしかしたら、いじめではないかもしれないよね」

いじめられてつらい思いをしているのは息子なのに、私は、

「私の息子がいじめられるはずがない」

「何で私の息子がいじめられてしまうのだろう」

と自分がつらくなってしまった。

息子の気持ちに沿うよりも、私が困ってしまい、私が自分で一日も早く解決しようとしていた。私は息子が自分で問題を解決する機会を奪っていたのだ。

それにまったく気がつかなくて、息子のためと信じて障害になる〈お決まりの十二の型〉で、

毎日息子を問い詰めていた。

いくら聞いても息子は心を閉ざして何も言わず、私はますます心配になって問い詰めて、息子をどんどん追いつめてしまうという悪循環だった。

私はそれまでに息子の子育てで、まわりから非難され続けてきたので、無意識のうちに、

「この子に原因があるのかしら……」

とまわりと一緒になって思ってしまい、

「なぜ私にこんなに心配をかけるの……」

と息子を責めてしまっていたのかもしれない。

子どもが困っているときは、「子どもの気持ちを聞きなさい」とよく言われるけれど、親自身が、

「困ったな……。早くなんとかしたい……」

と思いながらいくら子どもに質問しても、私のように〈お決まりの十二の型〉になってしまって、子どもは心を開いてくれない。気持ちを聞くと質問は、まるで違う。

この十二の言い方は、子どもの気持ちに、

「そうか、つらいんだね……」

と共感するのではなく、親の気持ちや思いを言うばかりなので、言われた子どもは、

「どうせ親には自分の気持ちを分かってもらえない」

と感じて、心を閉ざしてしまうのだ。しかも私の場合は、

「そんな性格だからいじめられるのよ」

「私の子がいじめられるはずがない、あなたは私の子とは思えない」

などと子ども自身を傷つけるようなことまで口にしていた。

では、どうしたらよいのだろう……。

# 〈能動的な聞き方〉

親業訓練講座では、相手の行動を自分が、

「イヤだ。困った。何とか変えたい」

と思っているときは、相手の気持ちに沿って聞くことができないことを学ぶ。

そうではなく、その相手の行動を、

「相手が困っている。相手が問題を抱えている」

と思えるときは〈能動的な聞き方〉ができることを学ぶ。

この聞き方は、子どもの問題を親が解決しようとするのではなく、子どもが自分で解決できると、子どもを信じ、子どもを支えていく聞き方だ。

〈能動的な聞き方〉には次の三つのやり方がある。

一、子どもの言ったことをくり返す

二、子どもの言ったことを別の言葉で言いかえる
三、子どもの気持ちをくむ

これは、子どもがたとえば、
「今日のスイミングは行きたくないな」
と言ってきたときに、親が、これは何かイヤなことがあったのかもしれないと、子どもの気持ちに沿って、
「スイミングへ行きたくないのね」〈くり返す〉
「プールを休みたいのね」〈言いかえる〉
「気が重いの……」〈気持ちをくむ〉
と子どもが投げてきた子どもの気持ちを、そのままの形で、たとえば子どもの気持ちを白いボールとすると、
「あなたの気持ちは白いボール『スイミングへ行きたくない』なのね」
と子どもの気持ちを、そのままの白いボールで返す方法だ。
子どもは自分が白いボールを投げたときに、親から白いボールを返されて、初めて親が自分の気持ちを受け止めてくれたと確信できる。

そして自分の次の気持ちを、親に投げ返す余裕も生まれてきて、

「今日は進級試験で自信がないんだ」

などと自分の気持ちを語りやすくなる。

反対に障害になる十二の言い方は、子どもが自分の気持ちとして投げてきた白いボールに対して、親が、

「困った。なんとか休ませないで行かせなくてはいけない」

と思ってしまい、親の気持ちの赤や青のボール「行かせたい、行くべきだ」を投げ返してしまう。

「すぐ休みたがって、怠け者ね」〈悪口〉

「練習を休むと、あなたのためにならないわよ」〈説教〉

などと親の気持ちを言ってしまうのだ。

いくら子どもが白いボールを投げても、親からはこのように赤や青のボールしか返ってこないのでは、そのうち子どもはボールを投げる気をなくしてしまう。

子どもが口をきかなくなったり、親と会話をしなくなるのは、親が障害になる言い方しかしないため、子どもと気持ちのキャッチボールが、うまくいかなくなって、子どもが、

「どうせ親に言っても無駄」

と思い込んでしまうからではないだろうか。

考えてみたら私の場合はいつも、

「子どもはこうあるべき」

と強く思っていて、子どもが白いボールで、

「ぼくはこう感じているよ」

と投げてきても、私は赤や青の、

「こう感じるべきでしょう！」

「こう行動するべきでしょう！」

という私の思いの色のボールばかり投げ返していた。

長男の場合は特に、

「彼を変えたい、みんなと同じにしたい」

と強く願っていたので、彼がいくら彼の気持ちの白いボールを投げてきても、私は心からの愛情で白いボールの代わりに、彼には必要だと私が信じている赤や青のボールを投げ返していた。

でも、親の愛情表現であってもこの状態が長く続くと、子どもは自分の気持ちとは違う色のボールしか返ってこないので、

「自分の気持ちを親に分かってもらえない」

「親に自分のありのままの姿を受け入れてもらっていない」

と感じて、子どもは親へボールを投げる気力もなくなってしまう。

私の場合は、「いじめ」の問題を、子どもが自分で解決できると信じることができなくて、私が解決しなくては、このいじめの問題は終わらないと思い込んでいた。そのため〈能動的な聞き方〉ができなかったのだが、もう一度原点に戻って、

「今、実際につらい思いをしているのは誰か」

ということを考え直してみた。

私はいじめが分かってからは、

「困った！」

「どうしよう！」

と早く解決することばかりを求めていた。

「いじめられて本当につらい思いをしているのは息子で、痛い思いをしているのも息子。このいじめの問題は、私が困っているのではなく、息子が困っている」

と私が心から思えたときに転機が訪れた。

私がいじめの問題は、

「いじめられている息子が、息子自身の力で解決できる」と信じられるようになって、初めて〈能動的な聞き方〉で聞くことができ、息子の気持ちに沿えた。

私自身が、

「困ったからなんとかしたい……」

と思っている間は、息子の気持ちがまるで見えてこなかった。

私は彼が白いボールを投げてきても、素直にそれを受け取ってやることができなかったのだ。

# 息子の気持ちが初めて見えた日

親業訓練講座を受けて、〈能動的な聞き方〉を学び、自分の気持ちの整理の仕方も少し分かってきて、

「いじめられて本当につらいのは息子自身だ」

といじめの問題を、私ではなく彼がつらい思いをしているのだ、彼が解決できると信じようと、心から思えるようになった。

そんなある日、学校から帰宅した息子が、子ども部屋の隅でおもちゃのヘルメットを素手でバンバン叩いていた。

それまでの私だったら、そんな彼を「暗くてイヤだな……」と思ってしまい、

「一人で暗くなにやっているの？」〈質問〉

「手が痛くなるような馬鹿なことはやめなさい」〈命令〉

と障害になる〈お決まりの十二の型〉のどれかで、言ってしまっていたと思う。

でもその日はその動作が、彼のＳＯＳのサインに思え、彼の「くやしい」思いが自然に私に伝わってきた。
そしてそのとき初めて彼の気持ちを〈能動的な聞き方〉で聞くことができた。

私　「あら、なんだかとってもくやしそうね」〈気持ちをくむ〉
長男「そりゃそうさ、ぼくとってもくやしいよ。なんにも悪いことをしないのに、学校で殴られるんだよ」
私　「そう、悪くないのに殴られてくやしいのね」〈くり返す〉
長男「だってクラスのＡ君はぼくが悪くないのに殴るんだよ」
私　「悪くないのにＡ君に殴られてくやしかったんだ」〈言いかえる〉
長男「クラスのボスは担任のＯ先生でＡ君ではないんだよ、なのにあいつはえばっているんだよ」
私　「そうか、クラスのボスはＯ先生でＡ君はボスではないのね」〈くり返す〉
長男「そうだよ、あいつはボスなんかじゃないよ。なのにぼくが言うことを聞かないと殴るんだよ」
私　「Ａ君がボスではないから、Ａ君の言うことを聞きたくないのね」〈気持ちをくむ〉

長男「そうか、ぼくが言うことを聞かないからA君は殴るんだ……」

なんと私が今までいくら問いただしても言わなかった相手の名前が、彼の口から自然に出てきた。

その上なぜ殴られるのかというういじめの原因まで、本人が自分で気づいたのだ。

いじめを私が解決するのではなく、子どもが解決するもので、私は彼の力になることしかできないと考えられるようになったとき、初めて私は彼の本当の気持ちを聞くことができたのだ。

私が十二の障害になる言い方をしていた間は、何も息子の気持ちは分からなかった。

私が息子を信頼して、彼が自分で解決できると信じて〈能動的な聞き方〉ができたら、彼が自分でいじめの原因までも気づき、私はとても驚いた。

もしも初めの、

「くやしそうね」

を私が言えても、彼の答えを聞いて、私が腹を立てたり、なんとかしたくなって、

「悪くないのに殴られるわけがないでしょ！」〈非難〉

「そんなひどいことをするのはいったい誰なの？」〈質問〉

「どうしてそんなことをされるの？」〈質問〉

などと障害になる十二の言い方で言っていたら、彼は途中で黙ってしまったと思う。

あのときの私は、最後まで彼がどう感じているのか、その揺れている彼の気持ちの鏡になりたいと願い、彼のくやしい思いに共感することができた。

# いじめがなくなる

それまではいくら学校で殴られても、本人はなぜ自分が殴られるのか分からなくてもやもやしていた。

それが自分で原因に気づいたことによって、息子はとても強くなれた。

「ボスでもない相手に頭を下げたり、言うことを聞いたりするよりも、殴られたほうがまだマシ」

と自分の気持ちの整理がついた長男は、すっかり開き直って、ボスのA君とその仲間に殴られてもメソメソもせず、精神的に強くなったのだ。

「頭を下げるよりも殴られるほうがマシ」

というのは、息子が自分で選んだ解決方法なので、私たち夫婦は見守るしかなかった。

夫はそんな息子の様子を、

「殴られることへの確信犯だよね」

と笑って言った。私自身も、

「確信犯行ってらっしゃい！」

と明るく学校に送り出せるようになった。

いじめはすぐにはなくならなかったけれど、いくらいじめても息子がメソメソもせず、言うことを聞かないので、その子たちも手を焼いたらしい。

しばらくはまだA君やその友達から殴られたり蹴られたりしていたが、本人がめげないので、その後数ヶ月でいじめはなくなった。

いじめの定義は難しいし、その程度や事情は千差万別だ。私は一人を一人ないし多人数で、一方的に精神的、肉体的に痛めつける場合をいじめだと思う。

最近になって、息子に昔のいじめのことを聞いたら、

「あれは……ぼくはいじめではなく、一人ずつと喧嘩しているつもりだった」

と言われた。彼は精神的に強くなって、彼なりに戦っていたのだ。

このときの経験によって、私はコミュニケーションの重要さに気がつくことができた。

どんないじめであっても、親が障害になる十二の言い方をしないで、子どもが自分で解決できると信じることができて、親が〈能動的な聞き方〉で子どものつらい気持ちに共感できたなら、親につらい気持ちを受け止めてもらえるだけで、子どもは強くなれる。

# 第二章

# 関係を築く〈親業〉の方法

# なぜ愛を伝えられないのか

息子がいじめにあったときの経験から、子どもがSOSのサインを出した場合は、子どもを信頼して、子どもに問題解決の力があると信じて、親が子どもの気持ちの鏡になれば、子どもは自分で自分の考えを深め、自分で解決もできると分かった。

けれども、親はわが子がいじめられていることを知ると、なかなか冷静になれない。

皮肉なことに人間は、愛情のない相手には冷静になれるし、比較的簡単に相手が解決すべき問題と思える。

だから相手が他人の場合は、わが子の気持ちを聞くときよりは〈能動的な聞き方〉をしやすい場合が多く、相手への愛情が深ければ深いほど、相手が問題を抱えていると思えなくて、どうしても自分が問題を抱えて、なんとか自分で解決したくなり、障害になる〈お決まりの十二の型〉で言ってしまう。

愛していればいるほど、相手が困ったりつらいときに、相手を傷つけるような言い方をしてしまうのはどうしてだろう。

親が子どもを傷つけるような言い方をするのは、親が子どもを愛していないからではなく、逆に愛しているからこそ子どもが問題を抱えたままにできなくて、早く楽にしてあげたくなり、障害になる言い方をしてしまいやすいのだ。そのことに親が気がつくと、そこから本当によい親子関係を作るための一歩が踏み出せる。

障害になる〈お決まりの十二の型〉でばかり言われている子どもは、

「自分は親から信頼されていない」

「自分は親から愛されていない」

と感じる。

そう感じた子どもが、

「母はぼくを好きではなかった」

「親に愛されていなかった」

と言ったとき、ほとんどの親は、

「こんなに愛しているのに、どうして親の気持ちが分からないの……」

と悲しくなる。

でも、いくら愛していても、相手にその愛が愛として伝わっていなかったら、愛さなかったのと同じだ。

私は長男を愛していたし、どちらかというと初めての子で、べったりもしていたと思う。

けれども私の、

「少しでも私の理想の男に近づけよう」

という思いが強く、息子の気持ちに沿うよりも、自分のその思いにとらわれていた。

長男の行動を、

「イヤだ。変えさせたい」

とばかり思い、彼の大事なＳＯＳのサインが見えない場面が多かった。

あのまま私が〈能動的な聞き方〉を知らず、長男の行動を否定ばかりして、彼のＳＯＳのサインに気がつかなかったら、彼は私から愛されているという実感がなく、自分に自信が持てないままだったと思う。自分を透明な存在と感じたかもしれない。

親に愛されている実感と、信頼されている自信から、子どもは強くなれることに、やっとはじめの問題から私は気づくことができた。

それまでの私は、息子を強く立派にしようと思って愛の鞭で、

「強くなれ！」

「頑張れ！」

と現実の息子を否定しながら、彼を私のレールに乗せようと必死になって叩いていた。北風と太陽の、北風になってビュービュー彼の欠点を直すことに夢中になっていた。私が彼の欠点に向かって強く北風を吹けば吹くほど、彼はその欠点を隠そうとして、そこをコートでおおってしまった。すると私には、コートにおおわれた部分が厚く、彼の欠点がますます大きくなって見えた。

いくら母から、

「誉めて育てなさい」

と言われても、私は息子の欠点ばかりが目について、

「誉めるところがない」

と答えていた。私は太陽にはなれなくて、北風の子育てをしてしまっていた。

息子のいじめの問題から、親業訓練講座にめぐりあい、自分がどんなに息子を否定的にばかり見ていたか気づき、やっと息子の存在そのものを愛している自分に目覚めた。

そして、息子の気持ちに沿うとは具体的にどのようなことかが分かって、私は太陽になれた。不思議なもので、本気で私が息子のありのままの存在を愛し、認めてみると、私が太陽になって息子を暖めたのか、息子はどんどん厚いコートを脱ぎ捨てて、生き生きとしだした。息子の小さな欠点は私にとって気にならなくなり、かえって息子の欠点よりも美点に自然に目がい

くようになった。

私が彼の行動を変えようと必死になっているときは、彼の行動はなかなか変わらなくて、私が北風から太陽に変わったら、彼の行動は変わり、親子関係がとてもよくなった。

# もし子どもがいじめられたら

現実問題として人間の社会からいじめを完全になくすのは、人間が不完全な存在なのだから不可能だと思う。

よい親子関係のなかで、

「いじめはいけないことだよ」

「いじめられている子がいたら、助けてあげようね」

「いつでも君の味方だよ」

と子どもに親の思いをいつも伝え続ける。

そして万が一にも自分の子どもがいじめられた場合は、親はその子が自分で解決できるように支え、その子が強くなる手伝いをすることしかできないと思う。

親には子どもの代わりに学校に行くことも、子どもの人生を代わりに生きることもできない。

しかし実際に子どもがいじめにあってしまったときは、私の場合でも親にとってわが子がいじめられているという事実はつらすぎて、なかなか子どもが解決できる問題とは思えなかった。けれども子どもを信じ、子どもが自分で解決できると信頼できなければ、親は子どもの気持ちに共感したり、沿うことができないのだ。

やり方だけを覚えて、子どもを信頼していないのに、無理に〈能動的な聞き方〉をすると、子どもには信じていない親の気持ちが伝わって失敗する。

「今、問題を抱えているのはだれか、だれがつらい思いをしているのか」ということを見極め、子どもが自分で解決できると信頼して、〈能動的な聞き方〉ができたとき、事態は変わる。

この聞き方はプロのカウンセラーは訓練してできるようになっているけれども、実際に子どものそばにいる親は、よほど聞き上手な親でなければほとんどできない。

身近な親が、子どもの気持ちをきちんと聞けたら、これほど子どものためになることはない。

この考え方は、はじめのうち親には受け入れにくい。ほとんどの父親、母親が、あまりにも多くの子供の問題を自分でかかえ込み、自分で所有する傾向がある。その結果、あとの例にもでてくるが、親はよけいがっかりして、親子関係を悪化させ、子供のカウンセラーになる絶好の機会を失ってしまう。

トマス・ゴードン著　近藤千恵訳『親業』より

親は愛情が邪魔して〈子どもの抱える問題〉と思えなくてつい自分で解決したくなったり、自分のほうがつらくなって〈親の抱える問題〉にしてしまいやすい。親が〈親の抱える問題〉として、自分が困ってしまったら、子どもの気持ちを〈能動的な聞き方〉で聞くことはできない。

カウンセラーは親よりも簡単に〈子どもの抱える問題〉と思えるので、上手に子どもの気持ちを聞くことができる。

なぜなら子どもがカウンセラーに会う場面は、

「私は困っています」

と顔に書いていくようなもので、他人のカウンセラーは初めから〈子どもの抱える問題〉として、子どもが解決できるように支え信じるので、子どもの気持ちを〈能動的な聞き方〉で聞くことができる。

カウンセラーは訓練を受けていて、しかも仕事なのだから〈子どもの抱える問題〉として聞くときに、愛情が邪魔して自分が困って〈自分の抱える問題〉にしてしまうようなことはない。

だからこそ、

「親は何も分かってくれないけれど、カウンセラーの先生は分かってくれる」

という子どもが多いのは、しかたがないのだ。

そばにいる親が子どもの本当の気持ちを聞くことができなくて、他人で週に一回か月に一回しか会わない人にだけ、子どもが心を開くとしたら、とても残念だ。

子どもにとっては、自分が悩んでいたりつらいときに、心から頼りたいのは親だと思う。親に頼れないから、他人に頼らざるを得ない子どもたちがたくさんいる。

最近の親子関係の難しさは、少子化やいろいろな原因から親子が密着してしまい、〈親の抱える問題〉と〈子どもの抱える問題〉とが分けられなくなって、子どもが困ったときに親が障害になる〈お決まりの十二の型〉で対応してしまうことが多いからだと思う。

特に母親は、子どもの解決する力をとりあげる方向で二極化していると私は感じる。

専業主婦は家事の電化や外食の一般化から、昔の母親より時間があり、子どもに関わりすぎて、子どもの問題をすぐに自分で解決したくなり、仕事をしている母親は時間がなくて、ゆっくり聞くよりも、母親が自分で解決したくなってしまう。

親には情報や知識もあるので、子どもを信じて、子どもが解決できると信頼するよりも、自分で解決したくなりやすい。

十二の障害になる対応を親にされると、子どもは親が自分を愛してくれているとは感じられなくて、

「どうせ親に言っても、気持ちなんて分かってもらえない」

と親の愛が信じられなくなる。

「どうしてこんなに愛しているのに、それが子どもに伝わらないのだろう?」

と思うことがないだろうか。

# 〈能動的な聞き方〉を練習しよう

たとえば子どもがある日、
「私、今日ピアノのおけいこへ行きたくないな……」
と言ったとき、あなたが親ならばなんと答えるか？

親「　　　　　　　　　　　　　　　　　　　　」

このときに「困った。休ませたくない。絶対に行かせたい……」と思うと、次の障害になる〈お決まりの十二の型〉になりやすい。

一、命令「ピアノのおけいこは絶対行きなさいよ」
二、脅迫「休むならお誕生日のプレゼントはなしよ」

三、説教「おけいこを休むと、あなたのためにならないわよ」
四、提案「お母さんと一緒に行く？」
五、論理「おけいこは続けることが大事なのよ」
六、非難「急に行きたくないなんて、馬鹿なことを言い出すのね」
七、同意「いやなら休めば」
八、悪口「すぐ休みたがって、怠け者ね」
九、解釈「ピアノが嫌いになったのね」
十、激励「頑張れば行けるわよ！」
十一、質問「いったい何があったの？」
十二、ごまかし「おやつを食べれば行く気になるわよ」

これと同じように、

「学校を休みたい」

など、聞いた親のほうが、

「行くべきだ！」

「行くことが子どものためになる」

と強く思う場合は、親が問題を抱えて、親の気持ちを言ってしまいやすくなる。

子どもの気持ちを聞くためには、子どもが何かイヤなことがあってSOSのサインを出しているのかもしれないと思い、困っていて問題を抱えているのは子ども、これは親が解決するものではないと認識するのがコツだ。

そのときに、心から子どもが解決できると思えるかが、自分が子どもの気持ちに沿えるかどうかの大事なポイントになる。

相手を信頼し、相手の決定を受け入れる覚悟があるときに初めて〈能動的な聞き方〉ができる。

親のほうが困ったと強く感じて、〈親が問題を抱えている〉のに、頭の中で「今は子どもの気持ちを聞かなくてはいけない」と考えて無理に〈能動的な聞き方〉をすると、心のこもっていない単なる「おうむがえし」になったり、「口先だけ」になったりして、子どもは心を開かない。

「行きたくない」

と言っている子どもの行動を、

「イヤだ。困った。行かせたい」

と親が思う場面では〈能動的な聞き方〉はできない。

本当に子どもの力になりたいのか、子どものつらい状態を助けたいのか、それとも子どもが行くようにしたいのか、よく親である自分の気持ちを確かめたい。

どうしても相手の行動を、

「イヤだ。困った」

と感じ、相手の行動を変えたいときは、〈能動的な聞き方〉とは違う、親が困っていることを伝える〈わたしメッセージ〉というアプローチの仕方がある。

〈能動的な聞き方〉は問題を抱えている相手の力に、自分が心からなりたいと思うときしか使えない。

# くり返しと同意は違う

「学校に行きたくないのね」と「学校に行かなくてもよい」はまるで違う。

子どもの気持ちの「白いボール」を「白いボール」として返すというのは、肯定も否定もしないで、「今のあなたの気持ちは白いボールなのね」とそのまま相手の投げてきたボールを返すことだ。

親はつい子どもの気持ちを受け止めることは、子どもの気持ちを肯定することになると思ってしまう。白いボールを返すのは、白いボールに「ＯＫ」を出したことと子どもに思われるのが不安で、実は子どもの気持ちが分かっているのに、そのまま返すのを躊躇してしまう場面も多い。

でも、

「学校に行きたくない」

という子どもに対して、

「学校に行きたくないのね」

と否定も肯定もしないで気持ちを確かめることは、

「学校に行きたくないのね、それなら行かなくてもかまわないのよ」

と甘やかすこととは根本的にまるで違う。

〈能動的な聞き方〉は、親が子どもに賛成だとか反対だとか言うための方法ではなく、子どもの気持ちを聞く方法なので、子どもが話している間は、一〇〇パーセント子どもが話している内容だけを聞くことが肝心だ。そして、

一、くり返す

二、言いかえる

三、気持ちをくむ

の三つのやり方で、子どもの気持ちの鏡になる。

普通の会話では相手の話を半分ほど聞くと、

「次になんて答えよう……」

と自分の台詞を考えだしてしまい、相手の言葉が耳に入らなくなることが多い。

自分の意見を言わないで、相手の気持ちの確認だけをするのは、慣れないと大変だ。

どうしても聞いているうちに、自分の意見を言いたくなってしまう。

私の場合は、私の性格が物事の白黒をはっきりつけたくて、黙って聞くよりも自分がしゃべりたいほうだったので、なかなか上手に〈能動的な聞き方〉ができなかった。どうしても自分の意見ばかり言ってしまう。

特に長男に対しては、

「このままではダメなのではないか……」

と愛しているからこそ、彼の将来が心配になり、彼の行動に対して常に否定的になりやすく、彼の出すＳＯＳのサインが見えなかった。

そしてＳＯＳのサインが見えても、本人を信頼し認めることができなかったので、

「ああしなさい」

「こうしなさい」

と十二の障害になる言い方しか思いつかなかった。

親が子どもを愛しているからこそ言ってしまう言葉が、子どもとの関係で障害になってしまうとは、こんなに悲しいことはない。

私は長男をどちらかというと無口な子と思っていた。けれども、〈能動的な聞き方〉を知り、彼の心の声に初めて耳を傾けてみると、なんと彼はとてもよくしゃべる子だったのだ。

それまでの私は、彼が口を開くのを待っていられず、彼が言いたいことがあっても、

「どうせ、変な意見しか言わない」

などと思い込み、彼がしゃべる前に、私が勝手に解釈したり、提案したりしてばかりだった。彼は無口なのではなく、私に口を開く気にならなかったのだ。

長男によいところがあっても、私が長男に対して、

「勉強をして、親の言うこともよく聞き、優しくて、思いやりがあって、人につくせる子」

などというパーフェクトチャイルドを期待している間は、長男の気持ちをそのまま受け止められるはずがなかった。

長男を、

「愛している」

と言いながら、それが私の場合は無条件の愛ではなく、

「私の思うよい子であるならば、という条件付きの愛」

だったと気がついたときに、やっと悪循環から抜け出せた。

私の苛立ちは、息子が自分の思いどおりにならないからだったと気づき、自分の価値観を押しつけるのは、傲慢だったと思えるようになったのだ。

息子の存在そのものを心から愛せるようになって、やっとわが子と心が通うよい関係を持つことができたのだった。

私がまわりの先生たちと一緒に、彼を否定し続けていたら、彼はますます私に気持ちを開かず、親子関係は目茶苦茶になっていたと思う。

子どもは本当に親の気持ちに敏感だということを、私の講座を受けたA子さんの例でも痛感した。

A子さんの息子は中学へ入学してから、クラスの友人との関係に苦しみ、

「学校を代わりたい」

と言い出した。

びっくりした彼女は、担任の先生に相談し、なんとか本人とも話しあおうとした。

彼女は相談してみたら先生がとてもよい人で、親身になって息子のことを考えてくれていることが分かり、

「この学校にいたほうが息子のためになる」

と確信した。

彼女はそれまでにも、息子が人間関係で苦労しているのを見ていたので、

「息子が変わらない限り、どこの学校へ行っても同じだ」

と思え、なんとか息子の「学校を代わりたい」という気持ちを変えようとした。

息子を心から愛している彼女は、

「息子のためには、息子を理解してくれる先生のいるこの学校を、代わるべきではない」

と思ったのだ。

けれども、そう思いながら息子と話すと、

「お母さんはぼくを分かってくれない」

「ぼくの言うことを聞いてくれない」

と息子は反抗するばかりで、そのうち自分の部屋へ閉じこもってしまい、親子の話しあいにもならない。

無理に彼女が話そうとしても、

「うるさい！」

「ばかやろう！」

などと言われてしまう。

講座で〈能動的な聞き方〉を学んだ彼女は、なぜこんなに息子を愛しているのに、息子が自分に心を開かないのか、やっと気がついた。

息子の気持ちを聞こうと思いながら、

「学校を代わらないほうがあなたのためになる」

という親の気持ちを、障害になる〈お決まりの十二の型〉で言っていたのだった。

彼女が、

「そんなに学校がつらくて、どうしても学校を代わりたいのなら、それもしかたがないかもしれない。私には息子の気持ちが一番大事だ」

と心から思えてから、

「学校を代わりたいのね」〈くり返す〉

「今の状態はつらいのね」〈気持ちをくむ〉

と〈能動的な聞き方〉で聞いたら、息子が初めて自分の気持ちを素直にどんどん話してくれたそうだ。

どうして今の学校がつらいのか、なぜ今の学校ではダメなのか、新しい学校に何を期待しているのか、次々に出てくる息子の本心を聞いて、彼女は息子の置かれている状態への理解が深まった。

子どもは親が本気で自分の気持ちを聞く気があるのか、それとも聞く振りをして、親の思いどおりに自分をしようとしているのか、よく分かる。

子どもが親と話す気にならなくては、問題解決は前へ進まない。結局子どもが親と話す気になってからしか、

「ではどうすることが、一番よいのか」

ということをお互いに冷静に話しあうことはできないのだ。

彼女は夫も含めて、息子とお互いの本心を話しあうことができ、最終的に子どもが追いつめられている状態が分かったので、学校を代わることにした。

きちんと息子に、

「今の学校の先生はとても理解があるので、代わるのはもったいない」

「あなたが変わらなければ、学校を代えても、また同じことのくり返しになるのではないかと心配」

「中学を代えるのは、大変な手間がかかる」

「あなたの気持ちが私には大事だ」

と自分の思いを伝えられたので、彼女の中に息子の言いなりになったという思いはない。

今の状態がつらい、学校を代わりたいという息子の気持ちを聞いているうちに、彼女の気持ちが自然に、学校を代わることもしかたがないのかもしれないと変わったのだった。

# 子どもが部屋へ引きこもったら

「子どものため」と言いながら、親は子どもが自分で解決できると信頼できなくて、親の思いだけを十二の障害になる言い方で伝えてしまいやすい。

自分の気持ちを聞いてもらえない子どもは、自分の気持ちを親へ伝える気もしなくなって、反抗したり、場合によっては部屋へ引きこもってしまうのだ。親の愛は子どもへ伝わっていない。

子どもが閉じこもると、親はとても困ってしまって、子どもの気持ちより、「部屋から出さなくてはならない」と親の思いでいっぱいになり、ますます子どもの気持ちが見えなくなる。これでは悪循環だ。

子どもが部屋へ引きこもってしまってからでは、子どもとの接点がないので、親の愛を伝えるのはとても難しい。

それでも親が、

「自分の愛がかえって子どもを追いつめたのかもしれない」

と気づくだけで事態は変化する。

「愛していたのに伝え方を間違った」

と気づいて、障害になる〈お決まりの十二の型〉で言わない努力をするだけで、関係はよいほうへ変わってくる。

子どもが部屋へ引きこもったり、問題を起こすと、親が周囲の人間に責められてしまうことが多い。

親自身も、責められるだけでなく、自分でも自分の対応のどこが悪かったのか悩んで、親が不幸になりやすい。

「あなたのせいで、私は不幸になった」

という不幸のオーラのようなものが親のまわりに漂うと、ますます子どもは部屋から出られなくなってしまう。


青春期にはさまざまな試行錯誤がつきまといます。親の眼から見ると、とんでもない行動のように見える場合もありますが、これを元の「良い子」のルートに乗せようとしてあがいても効果があがりません。子どもの人生は子どものもの。親にできることは彼らの

「健康」を信じてあげることだけです。子どもの健康を信じられる親は自分の幸福のために生きられる親でもあります。そうした「幸せな親」が子どもに伝える無言のメッセージこそ、生き方に迷っている子どもたちへの最も有効な処方箋《しょほうせん》なのです。

斎藤学著『家族依存症』より

実際には子どもが問題を起こした場合は、子どもが心配で母親は不幸になりやすい。その上、母親自身が自分の親との関係や夫との関係で、不幸を感じているときには、子どもを信じたり、母親が自分に自信を持ったり、明るくなったりすることは大変だ。でも子どもが自分で自分の問題を解決できると信じ、親は親で幸せになる努力をすることで、親子関係がどんどん悪くなる悪循環を断ちきれるのだと思う。

## 第三者で〈能動的な聞き方〉の練習をしてみる

子どもがSOSのサインを出しても、親に愛情があると〈子どもが問題を抱えている〉と思えなくて〈親が問題を抱えている〉と感じてしまいがちだ。そこで〈能動的な聞き方〉を練習するには、第三者からの相談が最適だと思う。

友人から、

「ネェ……聞いてくれる」

と電話がかかってきたり、会って相談を受けることがある。相談を受けると、

「私を信頼してくれた」

「高い電話代を使っている」

などと思って、一生懸命答えを出したくなる。でもそこで、

「自分が解決しなくてはいけない、困った、どうしよう……」

とならないで、

「相手が問題を抱えて困っている」

と、それは相手が自分で解決できると信じられるならば、〈能動的な聞き方〉ができる。

そのときは〈お決まりの十二の型〉の特に使いやすい、「質問、提案、同意」などを使わないように気をつけながら、〈能動的な聞き方〉の三つのやり方、

一、くり返す

二、言いかえる

三、気持ちをくむ

だけで答える練習をしたい。

実際に試してみると、自分は何も意見を言わなかったのに相手から、

「ありがとう。こんなに気持ちを聞いてもらったことはないわ。とてもすっきりした」

と感謝されて驚いたことがある。ときには相手が、息子の場合のように、自分で解決策まで出してしまうこともある。

子どもだってすっきりしたいし、親に気持ちを聞いてほしい。

子どもが問題を抱えていると思ったら、相手を一人の人間として尊重し、信頼し、相手の決定を受け入れる気持ちになり、相手の気持ちを〈能動的な聞き方〉で聞くことから、良い親子関係の第一歩は始まる。

ゴードン博士は、子どもの自立をうながす教育の基本に、「問題所有の原則」という考え方を示しています。

子どもが問題をもつとき、その問題の所有権は子どもにあるので、それを他者が取り上げてはならない、というものです。つまり子どもの問題は親が一方的に解決してはならないのです。「問題」とは自分の人生に降りかかってくるさまざまの解決すべき事柄で、何らかの否定的な感情、イヤだとか不快、苦しいというものもすべて含まれます。この否定的感情をもつ者が、その問題を所有し、悩み、克服していく権利を有するのであって、それを他者が侵すのは本人の成長の機会を奪うことになる、というのです。

近藤千恵著『理由ある反抗』より

相手が何も問題を抱えていないのに、無理に〈能動的な聞き方〉をすると失敗する。

たとえば、子どもはただ情報を知りたいだけで、

「お母さん今何時?」

と聞いたのに

「何時か知りたいのね」

などと相手の気持ちを確かめても、滑稽なだけだ。

そしてもちろん、〈相手が問題を抱えている〉と思えなくて、自分がどうしても子どもの行動を、

「イヤだ。困った」

と思えるときに、〈能動的な聞き方〉をしようとしても、子どもには親の気持ちの、

「子どもの行動を変えたい」

が伝わってしまい、子どもは自分の行動をコントロールしようとしている親の気持ちを感じて、会話が不自然になる。

そのときには親が子どもの行動を、

「イヤだ。困る。変えさせたい」

と思っていることを率直に伝える〈わたしメッセージ〉という方法がある。

# わたしメッセージ

子どもが問題を抱えたときは〈能動的な聞き方〉だったが、では相手の子どもは何も問題と思っていなくて、親が子どもの行動を問題と思っているときはどうしたらよいのだろう。

子どもの行動を親が、

「イヤだ。困った。変えさせたい」

と思った場合は、私を主語にした〈わたしメッセージ〉で相手の行動が、どうして私にとっては困るのか、自分の気持ちをそのまま伝えることができる。

たとえば子どもが何か誤解して、親の私が新発売のゲームソフトを買ってくれるはずだと思っていて、私に頼んできたときに、私はそんなことを言われても困ると思った場面があった。

そのときに、

「約束していないのに買うわけないじゃない。考えが甘いわね」

「なに馬鹿なことを言い出すのよ」

というのは、つまり、

「(あなた)考えが甘いわね」

「(あなた)なに馬鹿なことを言い出すのよ」

というような、あなたが主語になる〈あなたメッセージ〉である。このような言い方で親の困った、買いたくないという思いを伝えるのでは、子どもは責められていると感じて、初めからお互いが喧嘩腰になってしまう。

そうではなく、私を主語にして、

「ゲームソフトを買う約束をしていないし、突然言われても予算がないので私は困る」

と親の私の正直な気持ちを子どもに伝えると、責められたわけではないので、子どもも素直に、

「なぜ買ってもらえると思ったのか」

と私に説明しだした。

子どもは正直で率直な親を見て初めて、

「正直で率直になってよいのだ」

と学ぶことができる。

子どもの行動が、

「イヤだ。困った。変えさせたい」

と思う場合は、親だから我慢しようとか、ごまかそうと思わないで、正直に子どもに、

「私は困っている」

と伝えたい。

「わたしは困っているから、協力してほしい」

とメッセージを送るのだ。

この場合の親は、

「わたしは困っている」

と私を主語にして〈わたしメッセージ〉で子どもに親の気持ちを伝える。

この言い方は、子どもの自尊心を傷つけにくいので、子どもが自分から行動を変える気になりやすい。

ただし、子どもにその行動を変えたくない強い欲求があったときは、〈わたしメッセージ〉だけではなかなか子どもの行動は変わらない。

# 障害になる十二の言い方〈あなたメッセージ〉

たとえば九歳の息子がいつまでも夜起きていて、それを見ている親のあなたが、

「困った、早く寝てほしい」

と思い、何か息子に言いたくなった場合、あなたならなんと言いますか？

親「　　　　　　　　　　　　　　　　　　　　」

このときに「あなた」が主語になる次の言い方で言ってしまうと、言われた本人は、

「そうだ、寝よう」

と思うよりも、

「うるさい。こっちの都合も知らないで」

などと反発したくなってしまう。

一、命令「もう寝なさい！」
二、脅迫「すぐ寝なければ、明日の朝ご飯は抜きよ」
三、説教「子どもは十時までには寝るべきなのよ」
四、提案「本を読んだら寝る気になる？」
五、論理「十時までに寝ないとホルモンの分泌が悪くなるのよ」
六、非難「いつまでも起きていてなんて悪い子なの」
七、同意「寝たくないなら起きてなさい」
八、悪口「こんな時間まで起きてるなんて、馬鹿じゃないの」
九、解釈「寝なくても平気なつもりでいるのね」
十、激励「寝ようと思えば寝られるわよ」
十一、質問「どうして、いつまでも起きているの？」
十二、ごまかし「もうすぐ寝ようと思っているのでしょ」

私はほとんどこの中の「命令」「脅迫」「非難」「悪口」で、子どもの行動を変えさせようとしていた。私にしてみれば、翌日の子どもの体調が心配で、早く寝てほしいのだから、

「私は正しいことを言っているのだから、子どもが行動を変えてあたりまえ」

と思っていた。

「あなたはこうしなさい！」

「あなたはこうするべきよ！」

の〈あなたメッセージ〉しか思いつかなかった。

〈あなたメッセージ〉では隠れたメッセージとして親の、

「あなたを信頼していない」

「あなたは心配する私の気持ちを尊重してくれていない」

などの気持ちが伝わってしまい、子どもの自尊心が傷つく。そして子どもは自分から進んで親に協力しようとは思わなくなる。

親に反抗的でない子や、親の権力が強くて親の言いなりになる子は、〈あなたメッセージ〉で行動を変えるかもしれないが、心の中で、

「親に無理に変えさせられた」

「親の言いなりになった」

などと、親への不満が蓄積されていってしまう。

では、どのように〈わたしメッセージ〉を言ったら効果的なのだろうか。

# 三部構成のわたしメッセージ

相手の行動を「イヤだ。変えさせたい」と思ったときに、その行動を相手が自分から変えるようにするには、私を主語にした〈わたしメッセージ〉で、こちらの気持ちを伝えるほうが〈あなたメッセージ〉より思いが伝わる。

その中でも次の三つの条件を満たす三部構成の〈わたしメッセージ〉が特に効果的だ。

一、相手の行動を非難がましくなく言う
二、私への影響を具体的に言う
三、影響に対する私の感情を正直に、率直に言う

ここでの影響は相手の子どもへの影響ではなく、イヤだと思っている自分への直接の影響だ。この影響が具体的で相手に分かりやすければ、相手は自分の行動を変えやすい。

たとえば九歳で夜なかなか寝ない息子に対して、〈あなたメッセージ〉の、「（あなた）寝なさい」〈命令〉の代わりに、私への具体的な影響を考えて、三部構成の〈わたしメッセージ〉で私を主語にして言った。

一、行動「あなたが夜遅くまで起きていると」
二、影響「明日の朝、起きられないあなたを起こすのが大変になり」
三、感情「私は困る」

この言い方は、何を私は困っているのか相手に伝えるので、息子も、「起こしてくれなくても、自分で起きるから大丈夫」「あと三十分で寝るから、明日は起きられる」など自分の気持ちを答えやすい。

もしも親にとっては、息子が夜起きていることによる具体的な影響はないけれど、「子どもは十時には寝るべきだ」「本人が明日の朝つらくてかわいそう」

などのしつけや、親心から相手の行動を変えたい場合は、親への影響がないので三部構成にならない。

「私はあなたがいつまでも起きていると、あなたが明日の朝起きるのがつらいのではないかと心配よ」

このように親に具体的な影響のない二部構成の〈わたしメッセージ〉でも、よい親子関係ができていれば効果がある。

子どもがその行動を、何がなんでも続けたいと強く思っていない場合は、親が困ったり、心配している気持ちが分かっただけで、相手が行動を変えてくれることもある。

私がまだ小学校一年生と二年生の息子二人を車に乗せて移動していたころ、後ろの座席で二人はすぐ喧嘩したり、ふざけて騒いだりうるさくて、私は運転しながら気が散って困った。

私は二人を静かにさせようとして、運転しながら、

「うるさい！　黙りなさい！」〈命令〉

「黙らないと、おやつをあげないわよ！」〈脅迫〉

と叫び続けていた。

いくら叫んでもふざけ続ける二人に、ある日習ったばかりの〈わたしメッセージ〉で、

「二人がうるさく騒ぐと、〈行動〉

運転するのに気が散って、〈影響〉
とってもこわいのよ」〈感情〉
と正直に私の気持ちを言ったところ、
「お母さんが運転しにくいのなら、小さな声にしてあげるね」
と急に二人が静かになったのでビックリした。
困った気持ちを〈わたしメッセージ〉で伝えたほうが、どんなに小さな子どもでも相手の気持ちを考えることを学ぶし、自分で自分の行動を変えようか、どうしようかと考える自主性が身につく。〈あなたメッセージ〉で育った子には、〈わたしメッセージ〉で育った子と比べると自主性は身につきにくい。
長男がいじめられていたときに、彼のつらい気持ちは〈能動的な聞き方〉で聞くことができたけれど、やはり私は彼が殴られたり蹴られたりすることはいやだった。
そこで〈あなたメッセージ〉で、
「A君の言うことを聞いて殴られないようにしなさいよ」〈提案〉
と言う代わりに〈わたしメッセージ〉で、
「学校であなたがA君に殴られたり蹴られたりして帰ってくるのが、〈行動〉
私はとても心配でいやだ」〈感情〉

と言ったところ、

「大丈夫だよお母さん、ぼくはあいつの言うことを聞くよりも、殴られたり蹴られたりしたほうがマシなんだ」

と息子に言われた。

もしも、彼のことが心配なあまり、彼が殴られないように、

「ああしなさい、こうしなさい」

と私が〈あなたメッセージ〉で言い続けていたら、息子は、

「うるさいな、お母さんはぼくをコントロールしたがっている」

と感じ、心を閉ざしてしまったと思う。

# 〈わたしメッセージ〉には〈能動的な聞き方〉での〈切りかえ〉を忘れない

〈わたしメッセージ〉は、〈あなたメッセージ〉よりは、相手にイヤな感情を起こさせない。それでも「私は困った」とか「私は心配」と相手の行動を受け入れられないことを伝えるので、言われた子どもが「身構える」場合が多い。たとえば、息子に、

「廊下にかばんを置かれると、通るのに邪魔になって困る」

と私が言ったときに、

「エー今部屋に入れようとしたところなのに……」

と言いながら息子が動かないと、ついもう一度同じセリフを言いそうになるが、

「やろうと思ったときに言われて、イヤになってしまったのかな」〈気持ちをくむ〉

と〈能動的な聞き方〉で身構えた気持ちを受け止めると、

「そうなんだよ、いつもやろうとするときに言うからイヤになるよ」

と息子が素直に答えてくれた。

〈能動的な聞き方〉で〈切りかえ〉ないで、〈わたしメッセージ〉を、「廊下にかばんを置かれると、通るのに邪魔になって困るのよ」と何度も言い続けると、相手の反発した気持ちがエスカレートしてしまう。

相手は〈わたしメッセージ〉を言われるまでは、自分の行動に何も問題を感じていなかったのだから、言われたことによって相手がイヤな思いをしてしまうことが多い。

相手に反発されたり、とてもイヤそうにされた場合は、たとえ相手のもとの行動がそのままでも、相手の行動が反発へと変化しているので、その反発したくなった気持ちを〈能動的な聞き方〉で聞き受け止めてから、自分がなぜ困っているか〈わたしメッセージ〉で伝えたい。

〈わたしメッセージ〉のときに、この〈能動的な聞き方〉をする〈切りかえ〉を忘れて、〈わたしメッセージ〉だけを出し続けると、子どもの身構えた感情がエスカレートして、結局は親の言うことを聞く気にもならなくなってしまうことになりかねない。

〈能動的な聞き方〉で相手の気持ちを尊重し、〈わたしメッセージ〉で自分の気持ちを尊重し、お互いが正直で率直な感情を言いあえるのが、よい親子関係だと思う。

これはどんな人間関係にもあてはまり、相手が困っている場合は〈能動的な聞き方〉で相手の気持ちに沿って聞き、自分が相手の行動で困っている場合は〈わたしメッセージ〉で相手を非難せずに、自分が困っている気持ちを伝えられたら、心地よい人間関係を築くことができる。

# 肯定のわたしメッセージ

〈わたしメッセージ〉は、自分が相手の行動で、

「イヤだ。困った」

と感じる場面だけでなく、その行動を、

「嬉しい。ありがとう」

と感じた場合にも使える。この使い方はよい親子関係をますます強力なものにする。

たとえば子どもが何かしてくれて嬉しかったときに、

「あなたはよい子ね」

と〈あなたメッセージ〉で言うのと、三部構成の〈わたしメッセージ〉で親の嬉しい気持ちを伝えるのでは、言われた子どもの受け取り方が違う。

息子が自発的にごみ箱を、ごみ置き場へ持って行ったときに、

「ありがとう、よい子ね」

でも、私の嬉しい気持ちは伝わる。
だが、私が三部構成の〈わたしメッセージ〉で、
「ありがとう、
重いごみ箱を持って行ってくれると、〈行動〉
とても助かって　〈影響〉
嬉しいわ」〈感情〉
と言うと、息子にどういう彼の行動が、私を喜ばせたのか具体的に分かりやすい。
子どもが、
「よい子にならなくちゃ」
と思うのと、
「この行動でお母さんは喜ぶ」
と分かり、自分から自主的に行動するのでは同じようでも違う。子どもも親が喜ぶ姿を見るのは嬉しいのだ。
嬉しいときに、はっきり相手に分かるように喜びを伝えられれば、人間関係の大事な潤滑油になると思う。
「言わなくても親子だから分かるはず」

「黙っていても夫婦だから分かるはず」

では、本当によい人間関係は築けない。

今までの日本は共通の価値観をもった社会があり、あまり説明しなくてもお互いの感情を分かりあうことができた。口数の多い男は軽薄だという風潮もあって、夫が妻にはいちいち、

「ありがとう」

と言わないし、妻のほうも相手が言わないのだから、

「ありがとう」

を言わない人が、日本人には多いような気がする。

私は子ども時代にアメリカの映画やホームドラマを見て、なぜアメリカ人はまわりの日本人と違って、家族に「ありがとう」や「愛している」を言い続けるのか不思議だった。

父母は日本人でも「ありがとう」を言う人で、私は言われて育ち、それが嬉しかったので、たとえ夫婦でも親子でも嬉しいときはいつでも、

「手伝ってくれて助かったわ。ありがとう！」

などと率直に言えるようになりたいと思っている。

# 相手の行動が変わらないとき

〈わたしメッセージ〉をいくら送っても、相手が行動を変えない場合、〈親業〉では親と子が〈対立〉しているという。

三部構成にしようとして、

「相手の行動が自分に具体的な影響があるか？　それともないか？」

を考えるのは、子どもとどこが対立しているのかを判断するのにとても便利だ。

〈親業〉では親に具体的な影響があり、子どもがその影響を分かっているのだけれど、自分の行動を変えようとしないとき、親の欲求と子どもの欲求が対立している〈欲求の対立〉があるという。

親への具体的な影響がないか、あってもそれを子どもが認めてない場合を親の価値観と子どもの価値観が対立している〈価値観の対立〉があるという。

同じ対立でもそれぞれの解決の方法はまるで違う。

私の場合はすべてをごちゃまぜにして、息子をコントロールしようとしていたので、

「私に具体的な影響があるか、ないか」

と考えるのは、自分の気持ちを整理するのに大変役に立った。

親は相手が子どもだと、相手の行動が自分に直接具体的な影響がなくても、自分の責任のように感じて、ついうるさく言ってしまうのだ。

私は息子の人生も私の責任と強く感じて、口うるさくなってしまった。言い方も分からず、私の感情を言っているつもりでも、それらは〈あなたメッセージ〉ばかりだった。

言われている息子は、私が彼を信用していないとか、コントロールしたがっている部分だけを強く感じて、私に反抗していたのだとよく分かった。彼が初めから反抗的だったのではなく、私の対応が彼を反抗的にしていたのだ。

そしてたとえ障害になりにくい〈わたしメッセージ〉を使っても、私に具体的な影響のないことをしつこく言い続けると、相手は、

「うるさいな、お母さんには影響がないでしょ」

と反発するだけで、肝心の彼の行動は何も変わらず、ただ親子関係が悪くなり、大事な私の価値観を伝える〈心のかけ橋〉が壊れてしまうことを学んだ。

# 欲求の対立

相手の行動を私が「イヤだ。変えさせたい」と思い、〈わたしメッセージ〉で伝えたとき、その行動が私へ具体的な影響があり、相手もそれを認めているのに、どうしても相手が行動を変えない場合を〈親業〉では、〈欲求が対立〉しているという。

たとえば、息子が自転車を私の車の前に置いてしまって、私が車を出しにくいなど、彼が自転車を置いたという行動が、私に具体的な影響がある場合は、〈あなたメッセージ〉で、

「こんな場所に自転車を置かないでよね」〈命令〉

「無神経ね」〈悪口〉

と言うのと、三部構成の〈わたしメッセージ〉で、

一、行動「自転車を車の前に置かれると」

二、影響「車を出すときにいちいち自転車をどかさなくてはならなくて」

三、感情「困るわ」

と言うのでは、言われたほうの受け取り方がまるで違う。

私が〈あなたメッセージ〉で言ったときの彼の答えは、自分が非難されているので、

「うるさいな、邪魔なら自分でどければいいじゃないか」

と反抗的になり、それを聞いた私は、

「なんですって、あなたはいつでも自分のことばかり考えて……廊下にすぐ置くかばんだって無神経だし……」

と次々に彼を攻撃しはじめて、自転車とは関係ないことまで持ち出しての親子喧嘩に発展してしまっていた。

三部構成の〈わたしメッセージ〉では、彼を非難しているわけではないので、彼も、

「エ……あそこが一番置きやすいのに……」

などと自分の立場を説明しやすい。

では具体的に〈欲求が対立〉したときは、どうやって解決したらよいのだろう。

## 〈親が勝つ〉

親が困っているのだから、子どもは親の言うとおりにするのが当然。親の欲求が常に勝ち、子どもの欲求は無視される。

親にしてみれば、子どもはいつでも親の言いなりになるので、親自身は楽かもしれない。けれども、子どもには常に押さえられているので、親に対する不満がある。子どもはいつか「親に勝ってやる」と敵対心を燃やして我慢しているだけかもしれない。

たとえ現在は問題が起きていなくても、〈親が勝つ〉状態は、どこかで力のバランスが崩れたときに〈子どもが勝つ〉に変わる危険性があることを忘れてはいけない。

親が勝つためには権力を使ったり、賞罰を使う場合が多いが、常に力で押さえつけ続けることは親も大変だ。

いつでも子どもが従うように恐怖を与えるか、子どもが従いたくなるようなご褒美を用意するか。いずれにしても、子どもが小さいうちは有効でも、次第に効果はなくなっていく。大きくなった子どもに恐怖を与えたり、子どもが魅力を感じるご褒美を与え続けるのは、親にとっても並大抵の努力ではない。

常に親が勝つ状態で育てられた子どもは、親の権力に服従させられているので、親に反抗的になったり、恨みを持ちやすい。

親に反抗して家を出る元気のある子どもはまだ救われるが、それでも大きくなってから、親に抑圧されて育ったことで、心に深い傷を受け、その後遺症に悩む子どもが多い。

身体の傷だけでなく、押さえられたり踏みにじられた心の傷に、子どもは大きくなってからもとても悩むのだ。

## 〈子どもが勝つ〉

これは子どものわがままがいつでも通用する場合で、自分の欲求が常にかなうので、子どもは満足していると思われがちだ。

けれども子どもが不幸な場合が多い。いつも〈子どもが勝つ〉家庭では、子どもの意見が常に通るので、子どもが学校や社会で協調しにくくなり、その結果子ども自身が孤独になったり孤立しやすくなりやすい。

そして親は子どもの言いなりになっているので、子どもに対して不満でいっぱいになりやすい。

「なんてわがままな子だ……」

と子どもの欲求を受け入れながらも、親は内心では子どもに対して悪い感情を持ちやすい。親自身が気づかずに、自分の子どもに対して恨みを持ってしまうことさえある。

わが家の長男は小さいとき、買い物のたびに何か欲しがってひっくり返ってしまい、私の悩みの種だった。

もしかしたらすぐに弟ができて、自分がまだ甘えたい年から母親を弟にとられ、二歳なのに自立を私に迫られて、とても淋しかったのかもしれない。

その当時の私は、息子二人を怪我をさせずに、しつけをしながら育てるだけで精一杯で、長男が感じていたかもしれない淋しさを察する余裕もなかった。

それどころか、

「なぜ、他の子よりも手がかかる……」

といくら言っても聞かない長男を、愛していたけれど恨んでさえいた。彼の欲求に負けるたびに、敗北感さえあった。

毎日の買い物は息子との戦いで、勝ったり負けたりしながら、

「これが育児戦争か……」

と疲れ果てていた。

それが子どもに伝わると、いくら親が子どもの言いなりになった場合でも、子ども自身には親の恨んでいる気持ちも伝わり、

「自分は親に愛されていない」

と感じてしまう。

父親が、家庭内暴力をくり返す中学生の息子を、バットで殴り殺してしまった事件があったが、その記事を読んでとても胸が痛んだ。

父親は、

「息子さんはあなたの愛情を必要としているのですから、できるだけ受け入れてあげてください」

とアドバイスされ、奴隷のように息子の言いなりになり、息子の欲求はなんでも受け入れたそうだ。まわりの人の話では、優しく思いやりのある父親で、妻や娘は家から出して、一人で息子の暴力に耐えていたという。

けれども息子の暴力は止まらず、とうとう我慢の限界を超えた父親が、息子を殴り殺してしまったのだ。

子どもの言いなりになることが、子どもを愛していることにはならない。

母親が子どもを溺愛して、子どもをダメにした不幸な事件も多い。

子どもを一人の人間として認め、その気持ちをしっかり受け止め、親も一人の人間として自分の気持ちをきちんと伝える。お互いの存在を心から尊重した〈心のかけ橋〉ができていて、初めて親の愛情も伝わり、子どもの気持ちも伝わる。

# 〈勝負なし〉法

親業訓練講座では、親も子もどちらも勝ったり負けたりしない〈勝負なし〉法というのを学ぶ。

この方法は〈わたしメッセージ〉で、相手の行動が自分に影響があって困ると伝えても、相手の行動が変わらない〈欲求の対立〉のときに使う。

相手にも自分の行動を続けたい強い欲求があるので、どちらが上でも下でもなく、対等に同じテーブルの上で、お互いにとって一番よい方法を話しあっていくやり方だ。

いつも〈欲求が対立〉した場合に〈勝負なし〉法で、話しあって解決方法をさがす習慣がつくと、子どもは親と欲求が対立することを恐れなくなる。

子どもは話しあいで、欲求が対立したときに解決できることを学ぶので、自分が他の人と欲求が対立したときも、話しあいで解決しようと思うようになる。

お互いを尊重し、信頼して解決する方法があることを子どもが分かると、将来子どもが自分の配偶者や、自分の子どもに対しても同じような対応ができるようになり、よい人間関係がどんどん広がってゆく。

虐待されて育った子どもが大きくなったときに、自分の子どもを虐待してしまう「負の連鎖」とは正反対の、よい循環が生まれるのだ。

それまで〈欲求が対立〉したときに、〈親が勝つ〉か〈子どもが勝つ〉のいずれかでしか解決してこなかった場合は、初めにこの〈勝負なし〉法はどちらか一方が勝ったり負けたりするのではなく、お互いが満足できる解決策をさがすための方法だということを、子どもに納得させることから始める。

このやり方があたりまえになると、子どもは〈欲求が対立〉しても親が話をきちんと聞いてくれることを理解するので、いちいち事前に説明しなくても話しあいがスムーズにいくようになる。

どちらかが勝ったり、負けたりしない解決方法があることがお互いに分かると、対立することを親も子も恐れなくなり、自分の正直な気持ちを言いやすくなる。

## 勝負なし法の六段階

### 一、対立の原因をハッキリさせる

二、いろいろな解決策を出してみる
三、出てきた解決策を一つ一つ評価する
四、一番よい解決策を選ぶ
五、その解決策をどうやって実行するか考える
六、うまく実行できているかどうか調べる

簡単な対立の場合は、この六段階をすべて通らなくても解決してしまう場合が多い。ただしこの順番で話しあったほうが、うまく解決しやすい。

特にいろいろな解決策を出すときは、馬鹿らしいと思うような策でも、考えられるかぎりの策を出しあう。

わが家では、いくら言っても息子たちがすぐに私の車の前に自転車を置くので、この六段階の順番で話しあった。

一、対立の原因
　自転車を置く場所
二、解決案

A. 車の前に置く
B. 車の横に置く
C. 車の後ろに置く
D. 物置の位置を変えてそこに置く
E. 門の外に置く
F. 花壇の場所に置く

三、解決案を評価する

A. 車を出すときに邪魔になる
B. 乗り降りのときお互いに邪魔になる
C. 自転車を出すときに出しにくい
D. 自転車が出しやすい
E. 盗まれる危険性がある
F. 花が傷つく

四、一番よい解決案を選ぶ

Dが車も自転車も出しやすくて一番よい

五、どうやって実行するか考える

次の休日に家族総出で物置の位置を動かす

## 六、うまく実行できているかどうか調べる

車の前に自転車を放置することがなくなった

わが家では、こうやって話しあいながらスムーズに解決することができた。その後は、旅行の行く先を決めるのも、休日の過ごし方も親に具体的な影響がある場合は、どんな些細な対立でも話しあいで決める習慣ができたので、無駄な葛藤がなくなりお互いに楽になった。

子どもの行動を「困った。イヤだ」と思った場合は、子どものどんな行動が、親の欲求を妨げているのか、原因をハッキリさせるために、〈わたしメッセージ〉で親の気持ちを伝えなくてはならない。

またそのときに相手の気持ちを聞くのに、〈能動的な聞き方〉で相手の気持ちを尊重しながら、相手の欲求を確かめなくてはならない。

このようにしてお互いの気持ちを、同じテーブルで話しあうことができれば、話しあっているうちに、問題が自然に解決してしまうことも多い。

〈能動的な聞き方〉をしているうちに、初めとは違った対立の原因が出てくることもある。

たとえば子どもが、

「犬を飼いたい」

と言い出し、親は世話が大変だから、

「犬を飼いたくない」

ということはよくある。

私の講座を受けたB子さんは、子どもに、

「犬を飼いたい」

と言われても、彼女は仕事をしていたので、

「世話が大変で、私は育てる自信がない」

「これ以上犬にまで、私は時間を割けない」

と〈わたしメッセージ〉で自分の気持ちを子どもに伝えた。

それでもどうしても子どもが犬を飼いたがるので、〈能動的な聞き方〉で、子どもの気持ちを確かめてみると、

子ども「犬が飼いたい」
B子　「犬が飼いたいのね」

子ども「犬が大好きなんだよ」
B子　「犬がとても好きなのね」
子ども「だって、犬は側にいてくれるでしょ」
B子　「側にいてくれるから好きなのね」
子ども「学校から帰ってきて一人は寂しいよ」
B子　「寂しいから犬を飼いたいのね」
子ども「お母さんは仕事を辞められないんでしょ……」
B子　「お母さんが側にいないのが、寂しいのか……」

この例のように子どもは犬を何がなんでも飼いたかったわけではなく、お母さんに自分の側にいて欲しかっただけだという場合もある。

対立の原因は犬を飼うかどうかではなかったので、〈勝負なし〉法を使って、二人でどうしたらB子さんが少しでも長く子どもの側にいられるようになるか、仕事を辞めなくても側にいられる方法がないか、話しあって決めることができた。

実際に彼女は仕事の量を少し減らしたり、自分の母親にも協力してもらって、子どもが一人になる時間をできるだけ少なくした。

子どもは母親が自分と一緒にいる時間ができるだけ長くなるように、自分ができるお手伝いを自分で決めて協力するようになった。

このように〈勝負なし〉法は、子どもが話しあいに参加するので、自分が参加して決めたことは、子どもも自分から進んで協力する気になりやすい。

これがもし犬が問題だと思っていて、親に話しあう気がなければ、

子ども「犬が飼いたい」
親　「飼えるわけないでしょ」
子ども「だって、犬が飼いたいよ」
親　「聞き訳のない子ね、犬なんて飼いませんよ」
子ども「どうしても飼いたい」
親　「なんてわがままな子かしら、いつまでもうるさいわね！」

子どもは泣き、親はいつものパターンでうんざりする。

# 親の対応の仕方で子どもが反抗的になる

欲求が対立したときに、勝ったり負けたりしないで、話しあいで決められるようになって、確実にわが家の親子関係はよくなった。

初めから息子が反抗的に生まれたのではなく、私の彼への対応の仕方が、ことごとく彼を反抗的にさせてしまっていたのだ。

親の対応の仕方で、子どもの反応がこんなに違ったという例が、C子さんの家庭でもあった。

夕方の忙しい時間。夕食の支度が気になりながら、犬の散歩をだれもいないのでしかたがなくやりだしたC子さんは、中学生の息子が道の向こうから歩いてくる姿を見つけた。

これで散歩を代わってもらえると思った彼女は、嬉しくて息子に駆け寄る。

C子「お帰り、散歩してくれる?」

息子「オレ部活で疲れているんだ!」

C子「今日は、疲れているんだ……」
息子「練習が今日はきつかったんだよ」
C子「そうか、疲れているのか。お母さんも疲れていて、もし散歩をしてもらえると、私は夕食の支度ができて、助かると思ったのだけれど……」
息子「……お母さんがぼくのかばんを持って帰ってくれるなら、散歩をぼくが代わりにしてやってもいいよ……」
C子「本当？　助かった！　ありがとう」

お互いにとても良い気分で別れることができて、C子さんはいつもとのあまりの違いに驚いた。

初めに〈能動的な聞き方〉で彼の疲れているという気持ちを受け止め、自分の気持ちを、素直に〈わたしメッセージ〉で伝えたら、息子の反応がまるで違ったのだ。

いつもは障害になる〈お決まりの十二の型〉で言ってしまっていたので、同じような状況でも、

息子「オレ部活で疲れているんだ！」

C子「若い子がなに言っているのよ、私のほうが疲れているわよ！」
息子「お母さんは何も疲れるようなことをしていないじゃないか」
C子「私はあなたより年なのよ。散歩を代わってくれる優しさぐらいあったっていいじゃない……」
息子「疲れていいて、犬の散歩なんかごめんだね」
C子「ひどい息子ね！」

彼女の勢いが勝つと、息子はしぶしぶ犬の散歩をすることになり、息子が勝った場合は、彼女が息子を恨みながら犬の散歩を続けることになるパターンだったのが、〈親業〉の対応だとお互いを素直に思いやれた。

息子が反抗的だと思っていたのは、実は自分の言い方が彼を反抗的にしていたのだと気がついて、彼女は愕然としたのだった。

## 親子関係のよい循環と悪い循環

子どもの行動が親の希望に添っているとき、親は自然に子どもを認め信頼することができる。信頼された子どもは自分に自信がもてるようになり、ますますよい子になっていく。

このときに気をつけなくてはいけないのは、子どもが無理して親にあわせるのではなく、自然に親子で大事にすることや、目指すものが共通している場合だということだ。

どちらも無理をしないで、お互いを尊重しあえる親子関係がもてたら、どんなに幸せなことか。

きっかけは些細なことでも、親に認められ、信頼されて、子どもは自分に自信がもてるようになる。自信がもてると子どもは強くもなれるし、子どもに親を思いやる余裕も生まれる。すると、ますます親は子どもを信頼し、何かあっても親は心配するよりも、〈能動的な聞き方〉で子どもが自分で解決することを信じ支え、子どもの気持ちを聞きやすくなる。

受け入れてもらえたと感じた子どもは、親へ心を開きやすくなり、どんどん親子関係がよくなる。

反対にわが家のように、息子の行動が理解できなくて、

「なぜこの子は私の思ったような子ではないのか……」

と私が強く思ってしまうと、子どもを信頼することができなくなり、親に認めてもらっていないと感じた子どもは、自信がなくなり、行動も不安定になる。

不安定な子どもを見ていると、親はますます不安になり、子どもを信頼することがまるでできなくなる。

このように親子関係は悪くなりだすと、とどまるところを知らないぐらい悪くなる。けれども、信頼が取り戻せていったんよくなりだすと、信じられないぐらい親子関係はよくなっていく。

子どもが小さいときのほうが、関係を築き直すのに苦労は少ないかもしれないが、子どもが何歳になっても、親の対応の仕方で、子どもとの間に〈心のかけ橋〉を築くことはできる。時間はかかるかもしれないが、手おくれということはないのだ。

育児書には「誉めて育てよう」といくらでも書いてあるけれど、どのように誉めたらよいのかは、本来なら家庭環境によっても、子どもによっても千差万別であるはずだ。

子育てはただ誉めたり、子どもに好きなようにさせることではないと思う。

私が親業訓練講座で学んだことは、どうやって相手を認め尊重し、自分自身も尊重するかということだった。

相手が自分で解決できると信頼し、口出ししないでいることは、私が相手の失敗や混乱を恐れないということだ。私はすぐに手も口も出したくなり、相手をコントロールしたくなるので、相手を丸ごと受け止められるよう私の心を鍛えることが、最大の問題だった。

育児は育自というが、本当に息子を育てながら、自分が育っていった。

## 親の感じ方は常に変わる

親の気持ちの状態によって対応する仕方が違ってくるのだから、自分が相手の行動を、「イヤだ。困った」と思っているのか、「相手が困っているから助けたい」と思っているのか、自分の気持ちを見極めることが、〈親業〉では重要になる。

「イヤだ。困った」と思っているときは、〈わたしメッセージ〉が効果的であるし、「相手が困っているから助けたい」と思っている場合は〈能動的な聞き方〉ができる。

たとえば「勉強」の場合、子どもが勉強しないと、イライラしてしまう親は多いのだが、親がどの程度でイライラしだすのかは、その親によってまるで違う。

同じように一時間勉強する子に対して、自分がもっと勉強した親は、

「この子は一時間しか勉強しない」

と否定的に思い、自分がしなかった親は、

「この子は一時間も勉強する」

と同じ行動でも賞賛したくなり、感じ方がまるで違ってくる。

その子が小学生なのか、高校生なのかによっても、一時間の勉強に対する親の思いは変わってくる。

そのときに親が疲れているか、親が機嫌がよいかどうかでも、同じ子どもの行動に対して親の感じ方は変化する。

親の状態で感じ方は違ってしまうのだが、私の場合は寝不足になるのが一番のストレスになり、子どもに対しておおらかな気持ちになれない。寝不足になると、それまであまり気にならなかった子どもの行動が、とても気になってしまうので、できるだけ寝不足にならないように気をつけている。

私の体調がよくても、子どもが小さいときのわが家では、兄弟の同じような行動に対して、私の対応に違いが出ていた。

弟は要領がよいので言われなくても宿題はやるタイプだったし、兄はいくら私が注意しても、

宿題があることさえ忘れて平気なタイプだった。

そのため同じように遊んでいる二人を見ても、兄には、

「宿題をやったの？　先生に何か言われた？」

とうるさく聞いてしまい、弟には、

「楽しそうね、何しているの……」

とまるで対応が違っていて、自分でも驚いた。

親は同じように愛しているつもりでも、相手の行動に対する感じ方ひとつで、同じ行動でもこんなに自分の対応が違うことがわかり、それからは、公平を心がけられるようになった。

私にとっては「授業参観」のときに、まわりの子と違うことをやりだす長男は心配の種で、毎回ドキドキだった。

小学二年生の「授業参観」が、ちょうど彼の誕生日の前日だった。私が教室に入り長男と目があったとたんに、大きな声で、

「お母さん！　プレゼントもう買った？」

と聞かれて、私は恥ずかしくて真っ赤になった。

小学校四年生の「授業参観」では、先生の今日は順番にあてますという注意を忘れて、何度でも注意されても、長男はすぐに手を挙げてばかりいるので、

「よほどお母さんが見に来て嬉しいのかしらね……」

と先生にあきれられ叱られている息子を見ながら、私は教室から出て行きたくなった。

けれども私の友人で、自分の息子を同じように先生に「変わっている」と言われ、息子が授業中に違うことをやりだしても、彼女は「授業参観」もまったく平気だった。

彼女はその子が三番目の子で、

「一人ぐらいは変わった子がいてもかまわない」

と思えて、先生に何を言われても、彼が何をしても気にならなかったという。

私は彼女のように、

「変わっていることが彼の個性」

と思うことがなかなかできなかった。

いくら長男にパーフェクトチャイルドを求めていた自分の気持ちが、彼を追いつめていたことに気がついても、それまでの私の価値観を変えて「ありのままの彼を認める」心境になるには、大変な努力が必要だった。

生まれたときから両手両足がない乙武洋匡君の書いた『五体不満足』（講談社）を読み、両親が、

「たとえ両手両足がなくても、君は不便なだけで不幸ではない」と彼に親の価値観を伝えたことはとても素晴らしいと思った。もちろんそれを信じて、明るく前向きに生きる乙武君が偉いけれども、彼が育っていく間に、

「自分には両手両足がないけれど、それは不便なだけで、ぼくは幸福だ」

と思えるようになったのは、両親が彼のありのままを愛し、可能性を信じて、

「君は幸福だ、なんでもできる」

というメッセージを、きちんと彼に伝えたのだと思う。

レーナ・マリアというスウェーデンの女性ゴスペル歌手の週刊誌の記事にも、感銘を受けた。彼女は生まれつき両腕がなく、左脚も右脚の半分の長さというハンディを持ちながら、水泳選手としてパラリンピックで活躍後、歌手として成功した。


明るくない子どもでいる理由は何もありません。両親は初めから私を普通の子と同じに扱うと決めていて、ありのままの私を愛してくれました。したいこと、関心のある事は何でもするよう励まされたし、私自身、何かをする時に人と変わったところは何も無いと思っていました。そのやり方が少し違うだけ。

彼女の言葉からも、親の子どもへの対応の仕方が、その子どもが自分を「人間として価値がある」と感じるかどうかを決定する大切な要素であることが分かる。

それに比べ、私はわが家の長男に、他の人と発想が違いすぎるとか、自分勝手な行動をしやすいだけで、

「みんなと同じでなくては将来必ず不幸になる」

と幼い彼に伝えていたわけで、考えてみれば私はひどい親だった。

息子のためと言いながら、ありのままの彼を受け入れられなくて、私は彼が私の思う型にはまらないということだけで彼を否定していたのだ。

自分のことではなく息子のことになると、将来が心配になって、少しでも安全な人生をと願い、いろいろ転ばぬ先の杖として言いたくなってしまう。

不慮の事故で首から下が動かなくなった星野富弘さんが、御自分の結婚式の色紙に書いた「苦しみにあったことは幸せでした」という言葉が、胸に染みる。

どうしたらその言葉が出てくるのだろう……。

# 〈親の価値観〉を伝える

親に具体的な影響がないけれども、親としてはどうしてもその行動を変えてほしい場合は、どうしたらよいのだろう。

親に具体的な影響のない場合か、あってもそれを認めなくて相手の行動が変わらないときを〈親業〉では〈価値観の対立〉があるという。

たとえば息子が髪の色を茶色にしても、そのことで親には具体的な影響はなにもない。

いくら、

「あなたの髪の色が茶色だと、私はとても恥ずかしい」

などと言っても、

「勝手に恥ずかしがれば、ぼくは恥ずかしくもなんともない。これは趣味の問題だ」

と言われて終わりだ。

ただし髪の色が校則違反で退学になるとか、親にも具体的な影響があるのだったら、三部構

成の〈わたしメッセージ〉で、

「髪の毛の色で退学になると、〈行動〉

新しい学校を捜さなくてはいけなくなり〈影響〉

私は大変で困る」〈感情〉

と言えるが、そうでなければ、子どもの髪を自発的に染めかえさせるのは困難だ。

親が変えさせたい子どもの行動で、親に具体的な影響のないものがとても多い。勉強、宿題、自分の部屋の掃除などは、いざ親への影響を言おうとすると困ってしまう。

親には具体的な影響はないけれど、子どもの将来のためとか、人間としてとしか言えないような〈親の価値観〉を言いたいときは、〈わたしメッセージ〉では相手の行動は変わりにくい。

親が相手の行動を困ったと思いながら〈わたしメッセージ〉で伝えるのではなく、よい親子関係の中で、お互いがイヤな思いをしていないときに、〈親の価値観〉として伝えないと、せっかくの〈親の価値観〉が子どもには伝わりにくい。

それこそ無理に親が権力で髪の色を染めかえさせたら、親子関係は悪くなるし、親がいつも「勉強!」とだけ言い続けても、相手は自分から勉強をする気にはならない。

親子関係を悪くしないで相手の価値観を変えるには、相手が自分から変えたいと思うような影響を、親が与えるのが一番で、そのやり方のひとつが〈模範になる〉だ。

# 〈模範になる〉

このやり方は時間がかかるが、とても効果的だ。

子どもの模範になることによって、口でうるさく言うよりも、親は効果的に自分の価値観を伝えることができる。

親は子どもを思いどおりに動かすことはできないけれど、子どもへ自分の価値観を伝えることはできる。

私の場合は親がいちいち口で言わなくても、立志伝中の人で努力家だった父を見て、「幸せは人がくれるものではない、自分でつかむもの」と教えられたし、だれにでも優しく思いやりのある母からは、「人には優しく親切に、あとの人のためを思って行動する」ことの素晴らしさを学んだ。

それらは親に押しつけられたのではなく、自然に自分の意志で親の生き方を見ながら選びとってきたものである。自分で考えているよりも、親を無意識に真似ていることは多い。

親子関係がよくて、子どもが親を見習いたいと思えば、親の価値観がたくさん伝わり、逆に親が子どもをコントロールしたくて、親子関係をどんどん悪くしている場合は、親が伝えたい価値観は子どもに伝わりにくい。

「悪い仲間とは付きあうな」

「あんな場所へは出入りしないで」

と口うるさく言い続け、ただうるさいだけの親がいる家庭では、子どもの気持ちが休まらず、かえって自分の淋しさを分かってくれる友人の所に入り浸るようになったりする。

せっかく子どもを心配して親は言っても、言い方が悪くて親の愛情が伝わらないと、子どもは親に反発して、親の思いと反対の方向へ走ってしまうことが多い。

ただし、どんなによい親子関係の中で伝えても、子どもが親の価値観を最終的に選ぶとは限らない。価値感を選ぶのは子ども自身なのだ。

親に自分の価値観を子どもに押しつける気持ちがなければ、自分の願いどおりに子どもがならなくて、もしも子どもが自分の思いと違う道を選んでも、子どもとの関係は決して悪くならない。

私はどうしても「子どもの人生は子どものもの」と頭では分かっているのに、気持ちの上では納得できなかった。

「この子を産んだ責任」を「この子の人生も私の責任」とすりかえて、「この子に少しでもよい人生を」と頑張ったのだ。

私と息子とでは、趣味も価値観も、幸せを感じる瞬間もまるで違っていたのに、私が思う「幸せな人生」を彼に送ってほしかった。

私自身は父から、

「自分の幸せは自分でつかみなさい」

と無言で教えられ、自由にさせてもらえたことを心から感謝していたのに、息子には同じことをしてやれなかった。母も、

「あなたを信じているから自由にしなさい」

と言ってくれる人だったので、私は親から価値観を押しつけられるつらさを知らずに、平気で息子に私の価値観を押しつけてしまったのかもしれない。

親は価値観を子どもに示すことはできるけれど、子どもにそれを選ばせるように強制することはできない。この事実を体感することによって、やっと私はパーフェクトマザー、パーフェクトチャイルドの幻影から抜け出せ、私自身も子どもも楽になれた。

夫は初めから「子どもには子どもの人生」と思える人だった。私はそれを彼が父親なので客

観的になれ、私は産んで育てている母親だから、子どもへの執着が強いのかと思ったが、父親が息子の生き方を認められなくて「勘当」する例だってたくさんあるのだから、父性、母性の違いではない。たぶん夫の育った環境と、彼の資質だと思うが、夫が冷静でいてくれたことは、私の救いだった。

私はもう一歩で、

「愛している。愛している」

と言いながら、息子の人生を私の願いどおりにさせようとして、彼の人生や、彼の存在そのものを否定して、とりかえしがつかなくなるところだった。

私は思い込みが強く、自分の狭い偏った価値観から、子どもが小さいときに、

「大学を出なくては幸せな人生を送れない」

と言って騒いでいたひどい親だった。

けれども今では、長男が大学へ行かない人生を選び、右往左往しながらも自分の人生を探している様子を心から信じ、応援できるようになった。

## 〈コンサルタントになる〉

もうひとつの、親が効果的に自分の価値観を子どもに伝えられる方法は、親が子どもの優秀な〈コンサルタントになる〉ことだ。

親は子どもに自分の願っている人生を押しつけることはできないが、子どもよりも長く生きてきて、世間も知っているのだから、アドバイスをすることはできる。

そのときには、

「よりよい人生を送るために」

「幸せになるために」

でも、各家庭で伝えたいことは違うと思うが、親は子どもがアドバイスを聞きいれたくなるような、優秀なコンサルタントにならなくてはいけない。

どんなコンサルタントの意見ならば耳をかす気になるだろうか？

私ならば相手がきちんとしたデーターを持っていて、しかもよいアイディアでなくては聞く気もしない。

何度も聞き飽きたアイディアをうるさく言われたら、素直に聞けなくなってしまうし、どんなに新しいデーターでも、その度にうるさく言われたら、やはり聞く気もなくなってしまう。

次男の喫煙を止めさせたくて、新聞雑誌で喫煙者の死亡率が非喫煙者よりも高いデーターを見つけるたびに、

「健康で長生きしてほしいと願っている」

とついそれらを見せながら言っていたら、

「好きなものを止めてまで、長生きしたくない」

と強く言われて、禁煙のコンサルタントとしては失敗してしまった。

コンサルタントとして大事なのは、同じデーターや材料では一回しか言わないということだ。押しつけがましくなってもいけない。

私が子育てに苦しんでいたときにめぐりあえた牧師さんは、コンサルタントのお手本のような人だった。聖書のことを決してしつこくは言わないので、かえって聞きたくなってしまい、最高のタイミングで、ぴったりの聖句を示されるので、深く心に響いた。

一度も洗礼を押しつけられなかったので、聖書の勉強を始めてから四年近くかかったけれど、気がついたら自然に洗礼まで導かれていた。

私は息子に勉強する楽しさを伝えたくて、私なりによいコンサルタントになろうと長い間努力した。

勉強は学ぶ楽しさを知ってしまえば、自分で次々に学びたくなるものなので、せめてきっかけを与えたいと心から願った。けれども結果は、学校の勉強が好きでない人間を好きにさせるということの困難さに、私が気づいただけだった。

それでも高校生になるまでは、少しでも学校の成績を上げたくて、私は息子と一緒に勉強したり、私が楽しそうに心理学の勉強をしている姿を見せたり、

「肉体的な仕事は、年とって身体が衰えればダメになってしまうけれど、頭を使う仕事は長く死ぬまで頑張れる。職業に貴賤はないけれど、私としては頭を使う仕事についてほしい」

などと、高齢で活躍している学者や医者、弁護士の記事を見せたりもしていた。

私は自分が「勉強のできる男の子に好かれたい」という不純な動機で小学生のときは勉強し、それがきっかけで勉強する楽しさを覚えたので、勉強が嫌いな小学四年生の長男に、

「勉強のできる女の子を好きじゃないの？」

と何気なく聞いたこともある。彼の返事は、

「女は嫌い」

だった。

マイペースの長男は、どうしても大学には自分の勉強したい学部がないと言って、アメリカの高校を出て日本に帰るときに、アニメーション関係の専門学校を選んだ。

帰国子女の枠で普通の大学へ入れるチャンスが大きかったのに、受けることもしないで専門学校を選んだ息子は、いくら彼の人生と思っても、私たち両親にとってはやはりショックだった。

私たちは彼へデーターとして、

「どんなに大学を出ないことが将来不利になるか、就職の困難さ」

「大学を出ないと生涯獲得賃金で大きな差がついてしまう」

「大学を出ないと結婚だってできないかもしれない」

「今ではなく、将来大学を出ておけばよかったと後悔するだろう」

「私たちの大学生活はとても楽しかった。人生の貴重な時期だと思う」

「二年間でなく四年間自由な時間が得られる」

など、思いつく限りのことを示した。彼は、

「進みたい学部が大学にはない」

「嫌いなことをしてお金をたくさんもらうよりも、好きなことをして貧乏したほうがぼくにとっては幸せだと思う。幸せとお金は別だ」

「結婚は別にしたくない」

「大学を出たって人生は後悔する可能性がある」

「専門学校だって楽しいし、人生の貴重な時期としては同じ」

「勉強したいことがない四年間は、苦痛以外の何者でもない」

と反論した。

あくまでも私たちはコンサルタントとして、彼に少しでも有利な人生を選んでほしいとアドバイスをしたので、対立にならないで話しあうことができた。

私たちが絶対に大学へ行かせようとしたならば、息子は反発して話しあいにならなかったと思う。

基本的には私たちの願いは「彼に幸せになってほしい」ということだけだったので、

「大学を出たほうが幸せになる確率が高いと思う」

という私たちの思いを彼に理解してもらうように努力するしかなかった。

話しあいを続けながら最後は夫も、

「嫌いな勉強を無理にやらせて、大学を出てサラリーマンになったら絶対に幸せになれる　と、ぼくは言えない。不幸なサラリーマンも世の中にはたくさんいるからね……」

「ただし、高卒だと選択肢が狭くなるとか、いろいろ大卒よりも不利なことがあるのは確かなので、本人がそのデメリットを承知の上で、専門学校を選ぶのならしょうがない」

「将来何かあった場合に、親には反対されたけれど自分でこの道を選んだのだと、すべてのことを自分の責任と思えればかまわない」

「経済的な自立だけはしてほしい」

と彼の専門学校の選択を認めた。

私は「息子は本当の貧乏を知らないから考えが甘い」と心配がつのったが、話しあいを続けているうちに、息子の真剣な気持ちが分かり、

「彼が幸せを感じることは、私が幸せを感じるものとまるで違う。私が彼は不幸になると思い込むのはひどいことだ」

「やりたいことが何もないよりも、私の嫌いなアニメ関係でも、若者向けの純文学ではないノベルスの勉強でも、やりたいことがあるのは幸せなのだ」

私の思い込みを変えることによって、やっと彼が専門学校へ進学することを応援する決心がついた。

この私たち夫婦と息子との話しあいは正味三週間ぐらいで、いったん彼の選択を支持してからは、夫も私も一度も「大学へ行ったら」とは言わなかった。彼は彼の人生を選んだのだ。

友人たちから進学問題で「よく喧嘩にならなかった」とか、「よく許せたわね……」と言われたが、お互いの気持ちを話しあうことで、かえって絆は強まった。

日本に帰り、専門学校へ通いだした息子が、

「ぼくは初めて勉強が楽しいって感じたよ」

と言うのを聞いて、私が思っていた勉強と違う勉強を彼は求めていたと、やっと気がついた。

結局長男は二年後アニメの専門学校を出てから、二年間アルバイトを続けながらノベルスの作家を目指した。その後書くことで経済的に自立することの困難さを自覚し、自分から、

「アルバイトをしてみて、人間関係が苦手な自分には接客とか営業は向いていないのが分かった。小さいときから手先が器用でプラモデルは今でも好きだし、一人で何時間でも作業することは苦になららない。歯科技工士として経済的に自立して、小説は趣味で書いていきたい」

と言いだし、現在は歯科技工士の専門学校へ楽しそうに通っている。

四年間も遠回りをしたようだが、あの時点でもし私たちが、

「書いて経済的に自立なんてできるわけがないでしょ。あなたは人間関係が下手で、手先が器用なのだから、大学へ行かないのなら、同じ専門学校でも歯科技工士にしなさい」

と言って、無理に歯科技工士の学校へ行かせていたら、

「親は自分の才能を信じてくれない」

「親のせいで望まない人生を歩かされた」

と親を恨み、いやいや歯科技工士の学校へ通うことになって、今とはまるで違う状況になっ

たと思う。彼が自分で自分の人生を切り拓けると信じてきてよかった。

次男はみんなと同じが大好きで、友人も大切にする。みんなができて自分ができないのはとてもイヤな子だったので、「勉強は嫌い」と言いながら、最低限の勉強は親に言われなくてもこなし、要領がよいので勉強をしないわりに成績はよいほうだった。

彼は大学も疑問に思わないで、自分で選んで受けて入ってしまった。私たちの話を聞いていて、大学で楽しみたいと思ったようだ。長男と違い、私たちと似た価値観を持った次男を認めるのは楽だった。

長男と次男は同じ親から産まれ、年も近く、ほとんど育った環境も同じなのに、小さいときからの性格の違いは、二人が成長しても変わらなかった。

二人のよいところをそれぞれ認めていくのは、二人が正反対なので大変だが、このごろは見ていてあまりに違うので面白いと思う。

コンサルタントとして一番重要なのは、アドバイスはしても、「変わる」「変わらない」の自由は相手に任せるということだ。

もし相手の行動が変わらなかったら、そのときは、

「私の価値観が伝わらなかった」

と今度は相手の価値観を認めるように努力できる。

## 〈自分を変える〉

価値観の対立があるときに、三番目の方法として〈自分を変える〉がある。

価値観が対立したときに、相手を変えようとするのが、

〈模範になる〉

〈コンサルタントになる〉

だった。

それらの努力をしても、相手がどうしても変わらない場合は〈自分を変える〉という方法がある。

私は息子を変えることばかりに夢中になって、自分も変われるということに親業訓練講座に参加するまで気がつかなかった。自分は正しいと思い込んでいたのだ。そのためなんとか私のレールに息子を乗せようとして、親の権力で北風をビュービュー吹きまくっていた。

実際に自分が変わるまでは、私は自分を変えるということに、自分がなくなってしまうよう

な恐怖を感じていた。自分らしくありつづけながら、自分を変えていけるとは思ってもみなかった。けれども自然に自分が変わってみて、自分を変えるということは、決して自分らしさをなくすことや、自分の価値観を無理に変えることではなかった。

私の場合は、小さいときから私の願いと違う行動ばかりする長男と悪戦苦闘し、少しずつ彼のよさを認めていくなかで、気がついたら狭い自分の価値観にとらわれていた自分自身を解放して価値観を広げ、たくさんの可能性を信じられるようになったのだった。

自分が子どものときに勉強が好きだったし、サラリーマンの夫との結婚生活に満足していたので、あまり疑問を持たずに、

「勉強のできる男が好き」

「安定したサラリーマンが一番」

と言い続けてきた私にとって、

「勉強が嫌い」

「サラリーマンも嫌い」

と言う息子を心から認めるためには、

「人間にとって勉強ってどんな意味があるのだろう」

「人間の幸せはなんだろう」

などと考えてみる機会になった。

息子のおかげで〈親業〉にめぐりあえ、心の持ち方と、対応の仕方で関係が劇的によくなる経験を通じて、私は初めて心理学に興味を持った。

大学では経済学を学んだのに、三十二歳からカウンセリングの勉強を始め、次々に興味が広がった。

そして、そのときの友人から「いのちの電話」のボランティア訓練が素晴らしいと聞き、電話の「受け手」としての訓練を受けて、「いのちの電話」のボランティアを転勤までの五年間続けた。学生時代の私は、勉強は好きだったけれど、ファッションと男の子にしか興味がなく、ボランティアをしたこともなかったので、そんな私を知っている友人たちは、私の変化に驚いた。

幸いなことに「いのちの電話」のグループリーダーが、尊敬できる牧師さんだったので、

「私は何を息子に望んでいるのだろう」

「人間の幸せは何だろう……」

「人間は何のために生きているのだろう……」

などの次々に出てくる疑問を牧師さんにぶつけ、自宅で聖書の勉強会まで開くことができた。

私の両親はクリスチャンではなく、学校もキリスト教系ではなかったのに、私は四十歳のと

きに自然に洗礼に導かれて、私の人生はとても豊かになった。

息子の子育てに苦労し、息子を私の「歩く試練」とまで思ったけれど、彼のおかげで私の人生は豊かになり、夢にまで見たセリフ、

「あなたが息子でよかった。あなたを息子に持てて私は幸せよ」

が言えた。

# 平静さへの祈り

ゴードン博士は著書の『親業』の中で、よく引用されるお祈りを紹介している。

神よ、私に変えられることを変える勇気と、
私に変えられないことを受け入れる平穏と、
そして、変えられることと変えられないことの違いを知る叡知を授け給え。

この祈りにはすべてが込められている。何がなんでも変えるのでなく、何がなんでも受け入れるのでもなく、変えられることは勇気を持って変えよう！
どうしても変えられないことは受け入れて平穏を得よう！
そして、何が変えられて、何が変えられないのか、それをみきわめるための叡知を授かるように祈ろう！

何を変えて、何を変えないのかはそれぞれの家庭で違う。
〈心のかけ橋〉の築き方は学べても、そこで伝えたい思いは自分で探すしかない。
でも橋の築き方は学べるのだ。

あなたの愛が伝わりますように……

# 第三章

# ADHD（注意欠陥・多動性障害）との出あい

# 『のび太・ジャイアン症候群』の本を知る

日本に帰国した翌年の一九九七年の夏、シアトル時代の友人からの手紙で、私たちの共通の友人である司馬理英子さんが『のび太・ジャイアン症候群』というタイトルの本を出版したことを知った。

彼女とはわが家の次男と彼女の長女が日本人学校で同級生だったことで知りあった。役員を一緒にしたときに、まだ小さかった四人目の子どもを連れている彼女を、すでに息子が二人とも中学生だった私は、

「子育て真っ最中で頑張っている彼女は偉い！」

と思っていた。私は司馬さんがお医者様ということを知っていたけれど、彼女は女の子の親で、私は男の子の親という違いもあり、あまり彼女の家庭の詳しいことは知らなかった。そのため彼女が本を書いたと聞いても、イメージとして何も具体的なものを思い浮かべなかった。

それでも彼女がアメリカに居ながら日本で本を出版したというのは大ニュースなので、内容

に関係なくすぐに書店へ行って注文した。一週間後に待ちに待った彼女の本が手に入り、期待でドキドキしながら本を開いた。

初めの五行、

この子はいったいどうしたのだろう、こんなはずじゃなかったのに。

幼稚園へ入園して、新しい環境にうまくなじめなかったり、友だちとの間にさまざまな問題を起こしたり。いじめられたり、先生の言うことをちゃんと聞かなかったり。みんなが先生の指示に従ってやっているのに、ひとりだけ別のことをしていたり。「お宅のお子さんはちょっと……」と言われたり。

司馬理英子著『のび太・ジャイアン症候群』より

読みながら私は長男のことを書かれているみたいで、本を取り落としそうになった。司馬さんは次男としか会っていないし、たとえ長男に会ったことがあっても、彼女は長男の小さいときのことは知らないはずだった。それにアメリカ時代の彼はもうあまり問題になるような行動がなく、彼女に何も話した覚えはなかった。

それなのにそこに書かれていることは、長男の小さいときの姿だった。それまでに確かに長男を育てるのは、受け入れるのが楽だった次男と比べて大変だったけれど、私は一度も彼が病気かもしれないとは思ったこともなかった。

ただ彼はなかなか私の価値観では理解できない行動が多く、先生からは注意のされっぱなしで、「彼の個性」と思うように努力しながらも、私は彼をありのままで認めるのに苦悩が多かった。

私の最大の子育ての悩みは、長男が大学へ進学しないと決意したことを、自分が心から応援できるようになったときに終わっていたが、本を読みながら彼女から今までの私の子育ての、新しい見方を教わるような興奮を私は覚えた。

アメリカでは、大人、子どもを合わせて1500万人が注意欠陥・多動性障害を持っている。

主な症状は、落ち着きがない、飽きっぽい、順番を守れない、人から言われたことをするのが苦手、すぐ気が散る、静かに遊べない、おしゃべりで、人の邪魔をする、人の話をよく聞かない、忘れ物が多く、あと先考えず突っ走ったり、危険な行動をするなどである。

けれどもこれはなにも珍しいことではなく、子どもには普通に見られることである。しかし注意欠陥・多動性障害の子どもの場合には、こうしたことが同年齢の子にくらべて著しくしかも頻繁に見られる。そしてこれが学校や家庭で問題となる。年齢のわりに精神的に幼く見える。

同著より

そうなのだ。何も長男の行動は異常だとか、知恵遅れによるものとかレッテルを貼れるものではなかった。でも、同じ年の子どもや一歳半しか違わない弟と比べて、なにか微妙に違っていて、それをうまく説明できないもどかしさがあった。それは同じようなことでも著しくしかも頻繁に見られたので、他の子と違っているように感じたのだ。

たとえば順番が守れないということも、長男の水泳教室のときのように、プールサイドで順番を守れないのが他の同年代の子よりも著しく頻繁だったということだ。

もちろん中には嬉しくてまだ四歳ぐらいだと順番が守れないときはだれにでもある。それでも何度か注意されたり、まわりの様子から子ども心にも、

「今は順番を守らなくては……」

と思って守れるようになる子が多い。それが長男は一年以上、毎回コーチに注意されてもなかなか順番が守れなかった。いくら注意されても毎回嬉しそうに走り回ったり、勝手に潜ってばかりいた。

忘れ物が多いのも、初めは親の責任と思ってランドセルを毎回一緒にそろえて点検させた。けれども私も根気が続かず、弟は点検しなくてもちゃんと忘れ物をしなかったので、

「手をかけすぎて親に頼るからいつまでも忘れ物が減らないのか……」

と不安になって、本人に任せてみたり、あまりひどいと私がまた点検したり試行錯誤の連続だった。結局本人が何を持っていくのか、何が宿題なのかを忘れているので、いくら親が聞いたり点検しても、忘れ物は減らず、宿題忘れも減らなかった。

子どもはおとなより向こう見ずで危険な行動をとりやすい。それでもその程度や頻度が長男の場合はひどかった。三歳で高い所へ移動していき、塀から落ちてあごを五針も縫ったり、金網から落ちて耳の後ろを一針。幼稚園のドアのガラスを割って手首を六針縫ったり、自転車の二人乗りでかかとを後部座席から車輪にはさみ三針。結局小学校の入学前に全身の合計で十五針も縫い、

「これぞまさしく傷だらけの人生……」

と私たち夫婦は言いあった。私はそんな長男が今からこんな調子で、無事に大きくなれるのかと不安が大きくなるばかりだった。

「この子はいつか事故で死ぬかもしれない……」

と本気で心配したことが、何年か後に私が永遠の命を考えたくて、聖書の勉強を始めたきっ

かけかもしれない。

次男はおっとりしていて、小学校入学までに一針も縫うような怪我をしなかった。そのかわり次男は大きくなって骨折を何度かするのだけれど、小さいときは用心深い子で、私は心配しなかった。

もしかしたら自然に長男と比べていたので、次男を用心深く思っていただけで、縫うような怪我をしないほうが普通なのかもしれない。

縫うような怪我だけでなく、小さな怪我も長男はたくさんした。前傾姿勢で走り回り、おでこから転ぶことの多かった彼は、三歳のときには触ってデコボコが分かるようなおでこになってしまっていた。

次男が歩き出したときに、彼はお尻から用心深く座るように転ぶのを見て驚いた。私は長男を育てながら子どもは頭から転ぶものと思い込んでいたので、お尻から転ぶ次男が新鮮だった。公園で二人を遊ばせるときも、何をするか分からない不安から、私は小さい次男ではなく、長男の後ばかりを追いかけていた。

小学生の長男をレストランへ連れて行くと、彼一人だけ座っていられなかった。次男や他の子が座っていられるときも、どうしても座っていられない。いくら言い聞かせても自分が食べ終わると、他の人が終わるまで待てないで動きたがる。

もう幼児ではないし、食事中に座っていることは最低限のルールと思っていたので、すぐ動きたがる長男を座らせるために、私は自分が食べた気がしないほど、レストランでは緊張した。

「私のしつけのせい」

と思うと、勝手に動き回る長男が、憎くなるぐらい情けなかったが、夫は、

「無理に怒りながら座らせて、お互いの気分が悪くなると食事もおいしくないから、動いても平気なお店で食事はしよう」

と言って、気楽な焼き肉屋やファミリーレストランを選んでくれた。

夫があまり細かいことにうるさくなく、「しつけ！　しつけ！」と騒ぐ人でなかったのが、私には救いだった。

夫からも、

「君のしつけが悪いからだ」

と責められていたら、もっと私は追いつめられていたに違いない。

夫は私が、

「しつけが悪いと、人前に恥ずかしくて長男を出せない」

と言って嘆くと、

「なら、人前に出さなければよい」

と言ってくれる人だった。

今では笑い話だが、あのころはきちんとしたレストランで、長男と食事ができるようになる日がくるとは、考えられなかった。食事中は全員が食べ終わるまで席に着いているという、その年の子には簡単にできる行動が、小学生になっても彼はできなかった。

〈わたしメッセージ〉で言ってもダメ、お互いに冷静なときに分かるように言ってもダメ、どこまで彼の勝手な行動を私は受け入れ、理解しなければいけないのか、限界が見えないので私はつらかった。

おとなになって座っていられない人はいないと、頭で分かっていても、つい他の子と比べたり、いつまでも座っていられる弟と比べて、

「なぜこの子はこんな簡単なことができないのだろう……」

と知能的には何も遅れていないので、座っていられないことが不思議だった。

長男は素直な子で、人に意地悪したり、わざと困らせるような行動はほとんどなかった。ただ他人への配慮に欠けるので、トラブルを起こしてしまう。彼は自分の思ったとおりに動いているだけで、それが相手にとっては困った結果になっても、初めから困らせるためにとか、わざと意地悪で何かをしたわけではなかった。

「気持ちはきれいな子」

「人間性は上等だよ」

と私の母はいつも言ってくれていたが、小学校の高学年になってくると、その年齢の子は、もう少しよい意味でも悪い意味でも知恵が働くのに、長男は精神的に幼かったのかもしれない。

読みながら司馬さんの本のひと言ひと言が昔の長男を思い出させた。

# ＡＤＨＤ（注意欠陥・多動性障害）とは

「どうしてこんなふうになってしまったのだろう」「私はなにか育て方をまちがえたのだろうか？」と悩み、どうすればよいのかわからなくなったことがないだろうか。

この本は、このような子どもたちのための本である。ちょっと変わった子、困った子どもたちをこれまでとは違う視点から理解し、よりよい方向へ導くための糸口を探ろうとする本である。

同著より

長男が小さいときの、

「なぜこの子は他の子と同じようにできないのだろう……」

と悩んだ日々が、十年以上も前のことなのに、まるで昨日のようにそのときの自分の胸の苦しさまで思い出し、この本を読みながら私の胸は痛んだ。

「宿題をしない。先生の言うことを聞いていない」

などの彼の行動は、いくら親子関係がよくなっても少しも改善されず、親子関係を壊さないで、なおかつ彼に社会性をつけるためには、親である私に大変な努力が必要だった。

「頭は悪くないのに、成績がよくない」

「普段はとてもよい子なのに、カッとなりやすい。自分を押さえられない」

などと、彼が努力をすればできるのに、その努力をしないように見えて、彼の行動は、

「わがまま、幼い」

と感じる場面が多かった。

子どもを認めようとしても親のほうは、

「やればできる」

と思うので、どうしてもストレスがたまってしまう。

このストレスの感じ方には個人差があるのを、私の親業訓練講座を受けてくださるお母さんたちに接しながら強く感じた。子どもの状態によっても、親の状態によっても、家庭環境によってもまるでストレスは変わってくる。

子どもの問題行動に悩んだり、先生に勧められて児童相談所へ行ってから司馬クリニックへ来た人や、親が困ってインターネットで調べて、やっと司馬クリニックへたどりついた人など

それぞれ事情はさまざまだ。

その中でも、学校や本人と苦労を重ねてあちらこちらへ相談した人たちの話を聞くと、みなさんそれぞれが大変な思いをしてきている。

まだまだADHDは知られていないし、LD児ほど一般的ではないため、苦労を語りあった経験のないお母さんが多い。講座の中で、参加者同士でその大変な思いを共感できたり、話しあえることで気持ちが楽になる人が多い。

私は幸い自分がおしゃべりで、悩みを内に溜めておけなかったため、夫にも母にも友人にも「大変！　大変！」と騒いでいた。

長男が小学校二年生のときにいじめにあったときも、

「困った、大変、どうしよう……」

と騒いだ。そしてそれを聞いた友人が親業訓練講座をすすめてくれて、私は受けることになったのだ。

親業訓練講座はコミュニケーションの仕方を学ぶもので、相談機関ではない。けれども相手とコミュニケーションを正しくとるためには、自分の気持ちを正確にとらえて、相手の気持ちもきちんと理解しなければならない。どうすることが相手を尊重し認めることになるのかを、この講座で体験として学んだのが、子育てに自信をなくした私には、一番の力となった。

ＡＤＨＤの子どもは、見方によってはよい所がたくさんあるのに、他の子と違う行動をするというだけで、否定されてしまいやすい。わが家の場合は子どもの行動に問題が起きてからではなく、いじめを機会に早目に私が講座を受けたので、私が彼のカウンセラーやコーチの役を自然にすることができて、児童相談所へ行きたくなるほど問題が大きくならなかったのだと思う。

私は講座に参加し勉強したおかげで、自分自身の価値観を見直すことができて、長男の学校時代をむやみに否定しなくてすんだ。

それでも、

「なぜみんながやれているのに、決められた宿題もできないのか……」

と宿題をしないで平気な彼を、私は理解できなかった。

それまでのパーフェクトチャイルドを望んでいた自分と比べて、私は自分の望みが高すぎるとは思わなかった。いくらハードルを低くしても、息子がやり遂げられないと、

「何が普通で、何が普通でないのか……」

と真剣に悩んでしまった。

〈能動的な聞き方〉で息子の気持ちを聞き、〈わたしメッセージ〉で私の気持ちを息子へ伝え、コミュニケーションがスムーズにできるようになって、息子との関係はよくなり楽しかったが、

それでも先生に呼ばれたり、成績があまり悪いと、
「どこまでが変えられて、どこまでが変えられないのか……」
と常に祈りとともに考えながらすごす葛藤の日々だった。

注意欠陥・多動性障害では、脳の細胞どうしの連絡に必要な神経伝達物質（ドーパミンやノルアドレナリンなど）の量がアンバランスになっている。そのために行動や感情をうまく抑制できなくなる。その結果、活動が非常に活発になったり（多動）、衝動的で注意力が散漫になる。また、感情のコントロールがうまくできないために、さまざまな症状が引き起こされる。

脳の各部分の機能はよいのに、全体をうまくまとめたり調整する役割をする部分が、あまり活発にしっかり働いていないため、ほどよい抑制がきかない。やりたいとなったらどうしてもやりたい。がまんができない。逆に、何かしようとしても、がんばればがんばるほどよけいにできなくなってしまう、といったことが起こる。

同著より

この部分を読んだときに長い間、

「なぜ、長男のほうが次男より頭がよいと思ったり、記憶力がよいと感じる場面も多いのに、成績では次男のほうが常によくなってしまうのか……」

「きっと彼は先生の言葉を聞いていなかったり、自分の好きな勉強しか努力しないので、頭脳と成績が比例しないのだ」

「もっとやればできるのに……」

「やればできると思うのは、親馬鹿かもしれない」

と自問自答しながら悩んで、もやもやしていた思いが、一瞬にして消えてしまった。

彼の行動の問題は、知能的な遅れからくるものではない。脳の神経学的なトラブルなので、育て方や本人の努力のせいで、行動に問題が起きるのではない。

「もっと早くこの本を知っていれば、もっとよく彼を理解できたのではないか……」

と読んだ瞬間に思った。どんな子にもコミュニケーションは必要だが、障害として目にはっきり見えにくく、「困った子」としか思われにくいADHDの子どもを持つ親には、特に子どものコミュニケーションは重要になる。

まだまだADHDはアメリカほど日本では知られていないので、私は講座に参加してくださる親だけでなく、いろいろな機会にできるだけこの症候群を紹介している。

# 長男はＡＤＨＤ（注意欠陥・多動性障害）だったかもしれない

生まれながらに長男が障害を持っているかもしれないとは、この本を読むまで一度も考えてもみなかった。今では長男も二十三歳になり、自分を抑えたり、努力したり、頑張ったりしている。

この本を書くために、長男を司馬さんから正確に診断してもらおうと思ったが、「本人も親も現時点では何も問題と感じていないので、この状態や資料からでは、医者として、彼がこの症候群かどうかを正確に言うわけにはいかない」

と言われた。

けれども彼の小さいときの様子は、限りなくこの症候群に近い。

幸いなことに司馬さんの本は、この症候群の子どもたちをとても温かい目で見てくれている。だからこそ私は読みながら、抵抗感なくこの症候群について考えられた。そして根が楽天的な私は暗い面ではなく、この症候群の明るい面を扱った文章に、特に興味を引かれて嬉しくなった。

「あなたは天才型だったのよ！」

「あなたを私の枠にはめようとしないで、信じてきてよかったわ！　あなたは普通の子とは脳の情報の伝達の仕方が違っていたのよ……」

と司馬さんの本を手に持ったまま興奮して、すぐに隣の部屋の息子へ言いに行った。

息子はなぜ自分が突然病気だったと言われるのか、急に天才型だったと言われるのか、わけが分からずビックリしていた。

私は息子が病気だったかもしれないという不安より、

「この子はなかなか他人には理解してもらえないけれど、とても光るものを持っていたのだ」

と彼の長所を科学的に証明してもらったような気がして、心から嬉しかった。

親の私が信じ、

「この子はこの子らしくが一番」

と思っても、学校の先生たちやまわりの人たちからは認めてもらえず、彼は彼なりにつらい思いをしてきたと思う。

私もいくら、

「あなたを信じている」

と言っても、まわりから否定されるような行動や事件が続くと、気が弱くなってしまうのだった。

実際に仲のよい私の友人たちから、

「〈親業〉を受けてからのあなたは、子どもを怒らなくなりすぎた」

と非難されると、さすがの私もここまで彼を受け入れるのは、甘やかしにならないかと悩んだ日もあった。

息子が精一杯やっていないように思えるときは、どうしても私はイライラしてしまい、

「やればできるのに、やらないで平気なあなたを見ていると、私がイライラしてつらくなる」

「努力してできないならともかく、努力さえもしないあなたを見ていると悲しくなる」

などと、私の気持ちを〈わたしメッセージ〉で彼にぶつけていた。

うまく社会生活を送っている多くの人々にとって、あるいは子どものころのいろいろな葛藤を忘れ去り、日々の生活に追われている人々にとっては、この症候群はある一群の子どもたちに、「のび太・ジャイアン症候群」というレッテルをはっただけ、と思われるかもしれない。

しかし当事者である子どもやその親にとっては、事はそれほど簡単ではない。いくら言

っても、励ましあるいはしかってても宿題ができない、忘れ物をする。言うことを聞かない。反抗的で怒りっぽい。気むずかしい。けんかばかりする。これら一つ一つの問題もさることながら、こうしたことが繰り返され、周りから「だめな子」だとか、「ばかだ」ときめつけられ、「根性が腐っている」「やる気がない」などと叱責され非難されて、やがて子どもが自信をなくし劣等感にとらわれ、さまざまな問題を引き起こしていくことに大きな問題がある。

実は、彼らの人間性に問題があるのでも、知的能力が劣っているわけでもなく、注意深く自分の行動を考えたり、抑制する機能がうまく働いていないだけであるのに、それが理解されずにいるために、的はずれな非難を受けているのである。

同著より

こう書いてあるのを読んで、

「彼を信じてきてよかった」

「彼の人間性の問題ではなく、ちょっとした脳の機能の問題だったのだ」

と私は確信が持てた。

「彼の人間性は上等だよ」

と言ってくれていた私の母は、祖母の直感で息子の本質をつかまえてくれていたのだ。

ここに書かれている症状は、まるで小学生だったときの長男のことである。

なぜかいくら言っても注意しても、宿題は忘れてばかり。五年生のときの授業参観では、当日まで宿題をしてこない子は、黒板に名前が書き出されるようになっていた。他の子はどんどん消された跡があるのに、最後までやらなかった息子の名前だけが、花丸と共に大きく黒板に見せしめのように書き残されていた。「宿題は?」といつも気をつけていたのに、息子の名前が大きく書かれた黒板を見たときの、信じられないような虚脱感。

六年生になって行きはじめた塾の先生にまで、

「宿題をしてこないので強く叱っているのですが、いくら叱ってもやってこないし、かといって塾を辞めるわけでもないし、こんなお子さんは初めてで、どう扱ってよいか分かりません」

と言われてしまった。

本人に聞くと、

「やろうと思っていたけれど忘れた」

「宿題があることも覚えていなかった」

と言うだけで、特に反抗的でも投げやりでもない。

私は悪気がなくて宿題をいつも忘れたり、やらないで平気なわけがないと思っていたので、長男の態度はどうしても不思議でしかたがなかった。

　次男のほうは言わなくても宿題はやるタイプだった。私自身は母が教育ママではなかったので、いちいち親にうるさく宿題や勉強のことを言われなかったが、それでもやるときはやっていたので、長男が私や先生たちに、いくら言われても怒鳴られても宿題を忘れるのが理解できなかった。

　私はそんな長男を少しでもよく理解してやりたいと思ったけれど、先生たちは、

「これだけ何度言っても聞かないので、もしかしたら少し知能的に問題が……」

と誤解していたかもしれない。

　普段は温厚な子だと私は思っていたが、感情の行き違いから友達と喧嘩になる場合が多かった。口で感情を説明することが下手で、つい手が出てしまう。

　卓球のラケットで相手の子を叩いてこぶを作ったときは、本人と菓子折りを持って謝りに行き、

「なぜ、口でちゃんと説明しないで手を出してしまったの、どんな理由があっても手を出したほうが負けでしょ。相手の痛みを考えない子に育ったのが、私は悔しい……」

と私が、手をすぐ出す子に育ててしまったのが悲しくて泣いた。

　反対に、喧嘩になったときに、相手のほうきの先が彼の目に入り、彼の目の中が少し出血し

て目医者へ飛んで行く騒ぎになった日は、相手のお子さんとお母さんがメロンを持って謝りに来てくれた。

彼が受けた最大の非難は、中学二年生の一学期の三者面談で、

「お母さん、彼はこのままでは結婚できませんよ」

と担任の先生に言われたことだった。

家庭科のきちんとした女の先生だったので、長男のだらしなさや他の子と違っている態度が、すべて否定的にしか先生には見えなかったのだと思う。

基本的には優しい先生で、

「お母さん、彼のようにだらしがなくて、しかも勉強もできなければ、彼は将来結婚することも不可能ですよ。私は高校生の娘と息子を持っているから分かるのですが、今は人口の比率が女の子一人に、男の子はトラック一台分ぐらいになっているのです。よっぽどちゃんとしないと、これからの男は結婚できません。この夏に頑張って勉強して、少しでもよい成績を取らないと、よい高校へ行けませんし、そうしたら大学も無理になって、彼は結婚もできませんよ」

まるで〈親業〉を受ける前の、彼を枠にはめようとした私のような先生で、真剣に息子を心配してくださる気持ちは分かるのだけれど、私は納得できなかった。

ただ先生の心配な気持ちは伝わったので、怒るよりも先生のとっぴな理論におかしくなって、

「先生、それでは私は孫を諦めなければいけませんね」

と答えてしまった。

きっと先生は私が、

「この夏はなんとか頑張らせます」

と答えて、親子で夏休みの勉強に燃えるように期待して、

「彼は結婚できない」

とまで言ってくださったのだろうけれど……。

後で友人たちにその場の様子を説明したら、

「なぜ先生に対して、その言い方は失礼だと怒らなかったの！」

と私が非難されたが、長い間先生たちから子どもだけでなく、親の私も非難ばかりされているると、非難されるのに慣れてしまって、相手を怒る気力がなくなってしまった。

常に先生たちが正しくて、親の私の育て方が悪いと、面談の度に非難され続けてきたようなものだった。

いくら、

「この子には、他の子と違うよい所があります」

「努力しないだけで、頭はとてもよいのです」

などと言っても、親馬鹿としか思ってもらえない。

でも司馬さんの本のおかげで、初めて科学的に説明され、

「先生たちの非難は的外れだったのだ」

と、私は確信を持って言えるようになった。

# ＡＤＨＤの子の素晴らしさ

ＡＤＨＤというのは、今まで落ち着きが悪くて、不注意で「しつけの悪い子」とか「わがまな子」と育て方や本人の性格のように思われていたものが、実は神経学的な問題だという認識がされてきたということだ。これは子どもたちの発達上の問題なので診断はとても難しく、共通の傾向があっても、「この子がＡＤＨＤ！」という典型的な例があるわけではない。十人いれば十のタイプ、一〇〇人いれば一〇〇のタイプのＡＤＨＤの子がいるわけで、わが子はこうだったので……と断定するのは危険だ。

ただひとつ言えるのは、

「努力不足と思ったり、不注意と思っていた行動が、もしかしたら神経学的な脳の内部の伝達の問題で、彼の責任ではなかったのかもしれない」

と思えて、私が楽になったということだ。

それまでのわが家のパターンは、初めに私が親業訓練講座を受けて、息子に対する自分の気

持ちの整理がついて楽になり、息子を信頼するようになった私が、やみくもに息子に対して、

「ああしろ！　こうしろ！」

と言わなくなり、息子本人が楽になったというものだった。

すでにお互いの関係をつらく感じていなかったし、本人は何も日常生活に不便を感じていなかったので、私が本を読んだだけで急に嬉しそうになり、彼に対して、

「あなたは病気だったのよ……特別な症候群だったのよ！」

と言い出したのには、息子にあきれられてしまった。

彼にしてみればなんと呼ばれようと、どんな説明をされようと、自分は自分なのでどうもピンとこなかったらしい。親の私自身が、この症候群を知ったことで、一番最初に楽になった。

病気と言われるのは抵抗のあった彼も、司馬さんの本からいわゆる偉人と言われている人の中で、織田信長、源義経、坂本竜馬、モーツァルト、ベンジャミン・フランクリン、そして学校教育にはなじめなくても大成したエジソン、エドガー・アラン・ポー、レオナルド・ダ・ヴィンチなどが、現在の知識から考えるとこの症候群だったと考えられると知って、だんだん悪い気はしなくなった。

それまでの長い間、彼にも自分にも一生懸命、

「みんなと違うのは素晴らしい！」

と言い聞かせてきたが、司馬さんの本はそれに確信を持たせてくれる説得力がある。

それでも長男はADHDは聞きなれないので、他の人にAIDS（エイズ）と思われそうでイヤだと言う。

「症候群は病気らしすぎるし、天才型とでも言ってくれたら自分は納得する」

と彼が言うので、私と長男の間ではADHDを「天才型」と呼んでいる。

たしかに長男の発想は、凡人の私には思いつかないことが多い。彼が専門学校で専攻した「ヤングノベルス」という若い人たちのための小説は、発想がユニークな彼に向いていた。そして彼の集中力が発揮されると、信じられないほどの長い時間、部屋で頑張って書いているので、私たちは感心していた。自分の興味のあるものには、何時間でも一人で集中できる。

考えてみれば彼のようなタイプは、マンモス大学の何百人も入る階段教室や大教室で、興味もないのに単位のためだけの授業を受けたり、適当に卒業のために出席の返事を頼んだり、要領よく人のノートをコピーするのは無理だった。

本人がそれを一番よく分かっていたわけで、無理に行きたくない大学へ、親の希望で名前だけでもと入れていたら、途中退学か、不登校になっていたと思う。

のび太・ジャイアン症候群は、現行の教育制度ではあたかも落ちこぼれのように思われるかもしれないがそうとは限らない。また彼らがすべていじめの加害者や被害者になり、あるいは非行などの問題行動を起こすようになるというわけではもちろんない。

それどころか、彼らの多くは直観力にすぐれ、既成のわくに縛られず、自分の好きなことのためであれば、どんな困難も意に介さず、大きな力を出すことができるという豊かな才能を内に秘めている。

彼らは既成の概念に縛られず、自由で斬新な発想をするため、非常に創造的である。興味を持ったことに対して、異常ともいえるほどの集中力でとことん打ち込み、新しい概念の発見をしたり、すばらしい音楽や芸術をつくり上げていく。

同著より

長男には小さいときから、宿題を忘れるとか試験勉強に集中できないという面があったが、自分の興味のあるプラモデルの製作などには、親がびっくりするほどの集中力があった。誰でも嫌いなことはやりたくないし、好きなことには集中できる。でも、彼の場合は、その落差が異常と言いたくなるほど激しかった。

長男は適当にするのが苦手で、やる気もあり気力もあるのに、先生や親の期待と違うところで、努力が空回りしているという印象だった。

本がとても好きな子で、いったん読み出すとまわりを忘れてしまう。

小学校三年生のときに少しでも友人関係を広げたいと思って、彼のお誕生会にクラスの男の子と女の子を合わせて十五人ぐらい招待した日。初めは一緒に遊んでいたはずなのに、

「おばさん！　彼がいないよ……」

と言われて、みんなで主人公の長男を捜した。

なんと長男は自分の誕生会へ来てくれた友達を忘れて、わが家の屋根裏で一人で本を読んでいた。

他の家のお誕生会に招待されたときも、みんなはゲームやいろいろな遊びをしているのに、長男だけがその家の本棚の前で、一人で本を読んでいるということがあった。その家のお母さんが私の友人だったので、

「いつもあなたは長男を大変と言っているけれど、一人で静かに本を読んでいて、彼はとてもよい子よ。何が大変なの？」

と不思議がられてしまった。

私にしてみれば、

「みんなと遊ぶべきときに遊べない」

という事実が大問題だったのだが、彼は、

「遊びも忘れて、自分の興味のあるものに集中できる」

という特質を持っていただけなのだ。

好きなことと、興味のあるものにしか集中しないので、できる教科とできない教科の差が激しく、高校まで宿題は忘れるし、勉強は進まず、私は心配のしどおしだった。

長男がアメリカから帰国して専門学校へ進み、彼の創造的な面やユニークさが他人とはまるで違い、それがプラスに働くようになった。

結局今までは私の発想が貧困で、彼の飛躍した発想についていけなかったのかと、ようやく思えるようになった。

「既成の勉強がなくなって、やっとあなたの才能の素晴らしさが分かるようになった」

と心から褒められるようになり、彼のすべてが私には光って見え出した。磨かれていなかったダイヤモンドが、少しずつ他の子よりも遅れて、光り出した感じだった。

ちょうどその時期に司馬さんの本を読んだので、内容が心に響いたのだ。

長男が小学・中学・高校の当時にＡＤＨＤを知っていて、先生にもまわりにも私が自信を持って、

「この子は普通と少し違いますが、とてもよいところのある素晴らしい子なんですよ」

と言うことができたら、彼はもっと自分に自信を持ち、変われたかもしれない。

# 先生との対応

いくら親が認めても、他人の第三者が認めてくれないと本人の自信にはなりにくい。

「先生のあのひと言が私の人生を変えた」

と言う人が多いが、確かに先生のひと言は、子どもにとって非常に重い。

けれどもこのADHDのタイプの子は、いくら純粋で真摯であっても、先生から見ると落ち着きのない、集中力がない子にしか思えず、たとえ集中力があっても自分のやりたいものだけに集中して、先生からは自分勝手だと思われる。

特に日本の教育のように、決められたり言われた物事を、きちんと根気よくやる努力が要求された場合、創造性があだになって、トラブルメーカーと先生には思われる。

ちょっと見方を変えてやると、素晴らしい可能性を秘めた子たちなのだが……。

長男に、

「一人ぐらいは、あの先生はぼくを認めてくれたとか、褒められたとか、何かよい思い出のある先生はいる？」

と聞いてみた。

「一人もよい思い出のある先生はいないよ。とってもひどい思い出か、少しひどい思い出かの違いぐらいで、どちらにしても悪い思い出ばかりで、自分の学校時代をぼくは忘れてしまった」

と彼は答えた。

子どもにも防衛能力があるので、あまりにつらい出来事や思い出は、自然に忘れるようだ。忘れる能力があるので、人間はどんなにつらくても生きていけるのだと思う。

長男が小学校の四年生ぐらいまでは、

「先生運のない子」

と私は内心思っていた。

弟の担任は、いつも理解のある先生に恵まれるのに、兄の担任は、どの先生も会えば文句だけで、優しさも包容力もない先生に思えた。

「いつかは、この子を分かってくれる先生に、彼も会えるはず……」

と毎年担任が変わるたびに、私は祈った。

でも、それが毎年のように、いつも長男の先生運が悪く、次男の先生運がよいと、

「先生との相性の問題ではなく、これはやはり長男の問題なのだ」

と私は悩んだ。

確かにどの長男の担任の先生も、他のお母さんたちの評判は悪くなかった。私は先生が悪いというよりも、先生が長男を認めてくれないのが不満だったのだ。その不満はいつまでも解消されず、私は偶然に期待したり、他人に期待したりするよりも、先生の分まで私が彼を理解し認めようと、いつからか先生には過大な期待を抱かないようになった。

今となっては昔に戻れないので分からないが、小学生の時代に長男が診断を受けて、もしもADHDだと言われたら、先生の態度は変わっていただろうか……。

先生は長男を普通だと思うからこそ、

「怠け者、変人、トラブルメーカー」

などのマイナス評価しかしてくれず、違う見方があるとは考えてもくれなかった。

私は初めのうちは単純に、

「先生がADHDについて知識があり、もし息子が診断を受けていたら、きっと彼の学校生活は楽しいものになっていただろうし、親では伸ばしきれなかった彼の可能性を、先生が伸ばせたのではないか……」

と考えた。

けれども司馬先生の話や、学校や先生の様子を聞いた限りでは、単純にＡＤＨＤと先生に知らせれば、それですべてがうまくいくわけではないと分かった。先生がＡＤＨＤに対して正しい知識を持たずに、偏見を持っていたらもっと恐い。

何も脳の機能に問題はないのに、「障害」として、普通クラスから出されてしまう可能性もある。

先生に理解を求めるのは、先生の知識によっても違ってくるし、子どもの程度でも違うので、慎重にあらゆる可能性を考えて、対処したほうが安全だ。まだまだＡＤＨＤに関しては、日本ではすべての面でアメリカよりも遅れている。

まずは親がその子の特徴を、否定的に見るだけでなく、しっかり理解してあげる努力が大事だと思う。

その子をきちんと理解するためには、親にも先生にも正確なＡＤＨＤの知識が必要となってくるし、子どもとコミュニケーションを上手にとる技術が必要だ。

親業訓練講座は、アメリカの臨床心理学者トマス・ゴードン博士によって、一九六二年にカリフォルニアで講座の形で始まった。ゴードン博士が関わった子どもの親に、自分の開発した対話の手法を伝えるために始めた講座だ。臨床心理学や発達心理学、教育心理学などが基礎になり、本だけの知識ではなく、三時間八回の合計二十四時間の講座を体験して、コミュニケーションの仕方を技術として身につけていくよう工夫されている。

二〇〇〇年現在では、日本全国に五百人以上のインストラクターがいて、今までに八万五千名以上の人がすでに受講している。この数字は今も日本のどこかで講座が開かれているので、どんどん増えている。

最近は親だけでなく、コミュニケーションの技術を学ぶための〈教師学〉講座を受ける先生の数が増えてきて、とても嬉しい。

〈教師学〉も〈親業〉と同じ理論による、体験学習によってコミュニケーションの仕方を学ぶものだ。先生が自分を素直に出し、先生だからという枠だけでなく、人間としての信頼と愛情を生徒に伝え、生徒を人間として尊重する心の絆が、先生と生徒の間にできたとき、初めて先生と生徒の理想的な関係が築けると思う。

偏差値が高く、どんなに素晴らしい知識が先生の頭の中にあっても、それが生徒にそのまま伝わらなければ、その知識はなかったと同じではないか。つまり先生と生徒の間で一番大事なのは、お互いの気持ちを伝えあう〈心の絆〉を作ることだと言える。

初めから絆を簡単に作れる先生もいれば、人間関係が不得手な先生もいる。気持ちが空回りして、生徒も先生も疲れ果てて無気力になってしまうのはとても残念だ。

先生にとって、自分から心を開き先生を頼って、向学心に燃えている生徒とコミュニケーションをとることは、簡単かもしれない。でも、先生が努力しないとその子のよさが見えず、コミュニケーションがとりにくい子どもたちがいることを、先生に知ってもらいたい。

特殊学級の担任になったり、目に見える障害を持った子どもを担任するときには、先生もその子とコミュニケーションをとる努力をしてくれる。でも、障害と言えるか言えないかのボーダーだったり、診断がつかなくても、心に傷を持っていて、コミュニケーションがとりにくい子はたくさんいる。

教育実習のなかで〈教師学〉が必修になってくれて、コミュニケーションが得意な先生が増えてくれると、たくさんの子どもが救われる。親子関係と同じで、先生が生徒の存在を認めないで、気持ちに沿えずに生徒の行動を変えようとばかりしても、生徒は反抗的になるばかりだ。いくら生徒のためになるからと先生が頑張っても、障害になる〈お決まりの十二の型〉でしか生徒に気持ちを伝えられないと、生徒には先生の自分を信用してくれていない思いが伝わって、先生の愛情は伝わらない。学校に悩んだ子どもの、

「あの先生は、ぼくを改善しようとばかりして、ぼくを認めようとはしてくれないからイヤだ」

の言葉が、私の胸に突き刺さった。お互いを尊重できるコミュニケーションがきちんとできて、気持ちが通いあえば、ほとんどの問題は解決できる。

# どんな子がADHD（注意欠陥・多動性障害）か

ADHDは症状が千差万別で障害の重い子と、軽い子がもちろんいる。その中には自閉症、LD児とも症状が重なる場合があり、診断が非常に難しい。それでは診断するときにどうやって区別するのだろう。

最近でこそ、マスコミでADHDという言葉を聞くようになり、テレビでも取り上げた番組がいくつかあったが、取り上げた子によってADHDそのものの印象がまるで違う。

私が見たNHKの番組では小学校四年生ぐらいの男の子が、教室で先生の制止を聞かずに机の上に飛び乗ったり、勉強中のお友達の邪魔ばかりしたり、教室の外へ出ていってしまっていた。その子を追いかけて先生は一人で大変だった。

もしもこの状態をADHDの子と言うのなら、長男はここまでひどくなかったので、普通の子だったと思ってしまう。

ADHDは、確実にガンの検査のように診断できる検査があるわけではない。子どもの発達上の問題なので、小さいときからの発育の経過で、症状がどのように変化してきたかを観察しなければならない。行動を見て診断するのは、子どもの行動が家と学校、病院など場所によって変わることがあって難しい。

自閉症とＡＤＨＤは、子どもが小さいときは区別がつきにくいくらい症状が似ているときがあるのに、本来はまったく別の病気といえるので、その区別も大変だ。

逆に、ＬＤ（学習障害）というのは、字を読む・算数・字を書くのいずれかの成績が、発達年齢よりも非常に低いということなので、一人の子どもがＬＤ（学習障害）とＡＤＨＤを併せ持つことがある。

私がインストラクターをしている親業訓練講座では、司馬先生の所で子どもがＡＤＨＤの診断をされ、その子とどのようにコミュニケーションをとったらよいのか、悩んで参加してくれる人が多い。もちろん私の講演会を聞いたり、事務局へ問い合わせたりして、お子さんがＡＤＨＤとは関係なくて参加する人もたくさんいる。

どんな子どもにもコミュニケーションは大事で、現在は子どもとの間に特に問題がなくても、よりよい親子関係のために参加してくれる人も多い。

今までたくさんのお母さんたちと、学びあって一番強く感じたのは、

「ＡＤＨＤの子は普通の子よりも、親がその子の行動を理解しにくいので、その子とコミュニ

ケーションがとりにくく、親の悩みは深刻になりやすい」

ということだ。

それぞれのお子さんの症状はまるで違っているけれど、

「忘れ物が多い、だらしない」

「朝起きるのが苦手」

「言っても分からない」

などは、一人が言い出すと、

「うちも！」

「うちも！」

と次々に賛同の声があがっていくのだが、普通の子どもでもそれぐらいの行動はする。

それでは何がその子をＡＤＨＤと診断する基準になっているのだろう。

「この子は変だ」

「困った子だ」

と決めつける前に、その子の行動をよく観察してほしい。

そして、どうしても不安になったら、司馬クリニックのようにＡＤＨＤについての知識や経験が豊富な病院を捜して、相談するのが一番だ。

結果が出たら、それに合わせていろいろな工夫をすることができる。
薬物療法は専門家の先生にお任せするとして、家庭では何ができるのだろう。

# 子どもに自信をつけさせる

子どもの人生を親が決め、挫折しないように、最後まで親が責任を持つのは不可能だ。どうしたら子どもに、その子らしい人生を、歩んでもらえるのだろうか……。

そのためには、親は何をしたらよいのだろう……。

ＡＤＨＤの子どもは、親や先生から責められ、注意されてばかりなので、自分に自信を持ちにくい。

親から、

「あなたはあなたでいいのよ」

と認められて、愛されて育った子は、自分自身を信じ、自分を愛することができる。

人生には山も谷もあり、穏やかな海もすべてを飲み込んでしまいそうな激流もある。

どんな場面でも、自分に自信が持てると落ち着いて対処できるし、困難を乗り越える気力も湧いてくる。子どもが自分を愛することができて、自分に自信が持てたら、その子は一人で歩き出せる。

親に認めてもらえなくても、先生や親類の人、友人たちから認めてもらうことによって、その子は自分に自信が持てる。

でも不確実な他人を当てにするよりも、一番身近な親が子どもを認めるのが確実だ。

親が、

「よい子なら認める」

というような条件付きの愛情ではなく、

「あなたの存在そのものを愛している」

と無条件の愛情を子どもに持てたら、その子は自分の欠点も長所もありのままの姿を認めてもらったことによって、強くなることができる。


その子をありのままの姿で認めてやるのが、子どもにも親にもとてもたいせつである。子どもは親が思っている以上に、親の気持ちを敏感に感じとる。自分が親の期待に添えていないと思うとよけい恐れてしまう。依存心の強い子が多いが、ゆっくりと自信をつけさせ、励ましていくうちに自立心ができてくる。

同著より

と書いてあるのを読んで、

「ヤッター！」

と思わず声に出してしまった。

私が十五年以上〈親業〉のやり方で努力をしてきたことは、ADHDの子への対応の仕方でもあったのだ。考えてみたら特別にADHDの子でなくても、子どもが一人で生きていけるように、自立させるという親の仕事は共通なのだ。

違いは、それがどれだけ困難か、それほど困難でないかということだけで、相手を尊重し、自分を尊重しながら、子どもと親との間に〈心のかけ橋〉を築く、築き方はどんな子でも同じだ。

# 〈行動の四角形〉

親業訓練講座では、子どもの具体的な行動に対して、それを見た自分がどう感じているのか、自分の感情を整理するために〈行動の四角形〉を使う。これは一人についてひとつあり、相手の行動が〈行動の四角形〉のどの領域に入るかは、その瞬間瞬間に変わっていく。

親はその時々で子どもの行動に対して、ふたつの異なった感情を持つ。

〈受容〉受け入れる気持ち、そのままでかまわないと思う。

〈非受容〉受け入れられない、変えてほしいと思う。

ひとつの行動に対して、親が同時に両方の感情を持つことはない。子どものその行動を見て、〈受容する〉か、受容できなくて〈非受容〉になるかのどちらかだ。

相手の同じ行動でも、次の三つの要素で見ている自分のその行動に対する感情が変わる。

一、子ども

「夜十時まで起きている」という行動が、起きている子どもが、

「四歳なら〈非受容〉」で、

「十二歳なら〈受容〉できる」

というように、子どもの年や男か女かなどでも親の感じ方は変わる。

二、自分自身

「一緒にトランプをしよう」と言われて、

「疲れていると断り」、

「余裕のあるときは、にこにこ相手をしてしまう」

自分の身体や気持ちの状態で、相手の行動の受け止め方が違ってくる。

三、環境

「子どもが走り回る」が
「部屋の中なら〈非受容〉」で、
「家のまわりなら〈受容〉できる」
と場所や環境で、その行動を許せたり、許せなくなったりする。

行動の四角形で子どもの行動がどちらの領域に入るか整理する。

そしてここが〈親業〉のユニークな考え方なのだけれども、親が〈受容〉している子どもの行動の中には、「子どもが困って問題を持っているときがある」と、それを別の枠にする。たとえば、子どもがいつもよりも静かで、親としてはうるさくなくて助かるのだけれど、子どもは学校で友達に、大事にしていたノートを汚されて落ち込んでいる場合などがある。子どもが静かなのは、親として受容できる行動なのだけれど、よくよく様子をみると何か本人は困っている。その場合〈親業〉では、子どもが困ったと問題を抱えているので〈子どもの問題〉と、親の受容領域の中の特別な枠にする。

〈非受容〉というのは、親が困ったと問題を抱えた状態で〈親の問題〉といえる。

このようにだれが問題を抱えているのか、ハッキリさせることを〈問題所有の原則〉という。

〈受容〉領域の中の、どちらも問題を抱えていない状態は〈問題なし〉の領域という。

自分の感情が〈非受容〉領域なのか、または〈受容〉領域の〈子どもの問題〉なのかで、対応する方法が違ってくるので、とてもこの分け方が重要だ。

この〈問題所有の原則〉を考えずに、何がなんでも子どもの気持ちを聞こうとすると、親にストレスが溜まり、かえって障害になる言い方しかできずに関係を壊してしまったり、無理に

〈能動的な聞き方〉をすると、不自然で失敗する。

子どもが問題を抱えているサインととらえることができた場合、子どもの心を開く〈能動的な聞き方〉ができる。

親はすぐに相手の問題をとりあげて、親の問題として自分が解決したくなってしまう。すると本来は〈受容〉できる行動も、〈非受容〉の〈親の問題〉になってしまって、子どもの気持ちを聞けなくなる。

問題を起こしやすい子は、親が「また……」とがっかりして、子どもの行動や、子ども自身を信用できなくなる場合が多い。相手を信じて問題解決を任せる気にもならないので、子どものSOSが見えなくなり、子どもの気持ちを聞けなくなる。

子どもには、親の信頼していない気持ちが伝わるので、ますます子どもは自信がなくなる。この悪循環にならないためにも、子どもが自分で問題を解決できると信じ、〈子どもの問題〉は子どもに解決を任せ、〈親の問題〉にしてしまわないように気をつけたい。

どうしても子どもの行動が受け入れられないときには〈わたしメッセージ〉で、親は困っていると伝える。それを言われて、子どもがイヤな思いをしたり、問題を抱えてしまうことがあるが、そのときはたとえ子どもの初めの行動が変わっていなくても、反発したり身構えたりしている子どもの気持ちを〈能動的な聞き方〉で聞くことができる。

この〈切りかえ〉がとても大事で、子どもの気持ちを聞いたために、親の〈非受容〉の気持ちが消える場合もあるし、子どもが自分の気持ちを素直に親に言えただけで、自分の親を困らせている行動を変える気になるときもある。

たとえば子どもがぐずぐず夕食を食べていて、いつまでも台所を片づけられない場合に、

「あなたがいつまでも夕食を食べていると、私は台所が片づかなくて、次の仕事にかかれなくて、困るな……」

と言ったときに、

「だって、食べられないいんだからしかたがないでしょ」

と子どもに反発されると、そのまま早く食べ終わらせたい自分の気持ちが強くて、

「でも、あなたがいつまでも……」

と親が〈わたしメッセージ〉を言い続けたり、ひどい場合は親が子どもの言葉にカッとして、障害になる〈お決まりの十二の型〉で、

「さっさと食べなさいよね。もうグズなんだから」

と言ってしまったりする。

それでは子どもの気持ちは、どんどん反発して、エスカレートしてしまう。

そうではなくて、子どもの反発した気持ちを〈能動的な聞き方〉で、

「食べられないのね」

とそのまま受け止めると、子どもは、

「なんだか急に気分が悪くなってきて、食べられないんだ……」

と答えやすくなる。

気分が悪いと聞くと、それまでぐずぐずしていていやだと思っていた、親の〈非受容〉の気持ちが、その行動が子どものSOSに思えたために、〈受容〉に変わることもある。

子どもの行動が〈問題なし〉にある場合は、お互いの気持ちが自然に伝わりあう。

親業訓練講座は、この〈問題なし〉の領域を広げ、良い関係を築く方法を、理論だけでなく体験として学んでいく。

子どもの行動を自分がどうとらえているかを、〈行動の四角形〉で整理して、適切な対応ができるようにしたい。

肝心なのは、〈子どもの問題〉を親が取ってしまわないこと。子どもに問題を解決する力があるのを信じて、親は子どもの気持ちを聞いて、子どもが自分で考え判断するのを助ける。つまり、子どもが問題を抱えたときは、障害になる〈お決まりの十二の型〉で言わずに、子どもの言葉を〈くり返す〉、〈言いかえる〉、子どもの〈気持ちをくむ〉の〈能動的な聞き方〉をする。

親がどうしても子どものその行動を受け入れられない場合は、無理に〈能動的な聞き方〉をしない。親が困ったと思っているのは子どもに伝わるので、正直になぜ困るのか具体的な影響と自分の感情を三部構成の〈わたしメッセージ〉で伝える。そして戻ってきた子どもの気持ちを〈能動的な聞き方〉で聞く。この〈切りかえ〉を忘れない。つまり、

・相手の行動を自分が受容か非受容か自分の気持ちを確かめる。
・受容できて、子どもが問題を抱えていると思えるときは〈能動的な聞き方〉をする。
・非受容で親が問題を抱えたときは〈わたしメッセージ〉で気持ちを伝える。
・しつけとか価値観とか自分が子どもに伝えたい大事なことは、〈問題なし〉の領域で伝える。
・相手の行動が〈わたしメッセージ〉を出しても変わらず、その行動が親に具体的な影響があると子どもが分かっている〈欲求の対立〉ならば、どちらも勝ったり負けたりしないで、話しあいで一番よい方法をさがす〈勝負なし〉法をする。
・親に具体的な影響のない〈価値観の対立〉ならば、〈模範になる〉か、〈コンサルタントになる〉方法で、なんとか相手の行動が変わるように努力する。
・そして、どうしても相手が変わらず、自分がもしも変われる可能性があるならば、相手

を理解するように努力する。

・愛情を持って祈る。

以上の方法を試した方は、

「話し方、聞き方ひとつでこんなにも相手との関係が変化するのか……」

と驚く。子どもは親に理解され、受け入れられたいと強く望んでいる。

親が無関心に子どもを放任したり、溺愛して過干渉になるのではなく、

「この子には、この子の人生がある」

と愛情を持って信頼し認めていくなかで、初めて子どもは力強く自分の人生を歩いていける。

# 第四章

対談　松本純・司馬理英子

# 「ADHDの子をどう育てる」

## 松本　純（まつもと・じゅん）

一九五一年東京生まれ。慶応義塾中等部・女子高を経て慶応義塾大学経済学部卒業。まもなく結婚し、二児の母となる。九一年より商社マンの夫の赴任に伴い、家族でアメリカ・シアトルに移り住む。九六年帰国。九九年「親業訓練講座」受講生の成功体験例として「筑紫哲也ＮＥＷＳ23」に家族で出演。日本カウンセリング学会会員。「川崎いのちの電話」相談員を五年間つとめる。現在、親業訓練インストラクターとして子育てに悩む母親たちを支援している。

## 司馬理英子（しば・りえこ）

本名、松浦理英子。一九七八年岡山大学医学部卒業。八三年同大大学院卒業後、アメリカのワシントン大学で研究生活。八五年次男の出産を機に専業主婦として、四人の子どもを育てる。九七年帰国して東京に司馬クリニックを開院。ＡＤＨＤの治療を行なう。

著書に『のび太・ジャイアン症候群』（主婦の友社）、『ＡＤＨＤ　これで子どもがかわる』（主婦の友社）、訳書に『へんてこな贈り物』（インターメディカル）がある。

**松本**　日本ではまだADHDという言葉があまり知られていませんが、日本とアメリカでのADHDの認識の違いとか治療の違いについて、教えていただきたいと思います。

**司馬**　日本ではようやく一般の人が知り始めた、これからというところですね。アメリカでは、十年くらい前に今のような状態が起きていたと思います。そして対応も少し先へ進んでいる。教育現場でADHDだけでなく、いろいろな難しさをもったお子さんに対する対応が、アメリカのほうがきめ細かくされているように思います。また、医療の面でも体系的な治療がされていると感じます。

日本では、一パーセントくらいの子どもが、特別な教育のサービスを受けてますが、実際にはもう少し多くのお子さんがそれを必要としています。アメリカでは、五パーセントくらいの子どもたちがスペシャルエデュケーションといって、その子に合った対応を受けています。その中にADHDなど軽度の障害を持つ子も含まれます。それぞれのお子さんに対して個別教育計画をつくって、その子が必要としているものを提供していくことが、教育する側の義務とされています。日本では座席の位置を前の方にしてくださいというちょっとした便宜を図ってもらうのにも、おずおずとお願いしなければいけない場合もあります。

**松本**　日本では「特殊学級」というと、「かわいそう……」というイメージだけれども、アメリカでは「教育を受ける側の権利」というイメージですね。

司馬　そうですね。

松本　びっくりしましたよね。教育現場も、親もどうしてこんなに違うんでしょうか。アメリカと日本とでは。

司馬　アメリカでは何かここがまずいなと思ったときに、それに対して行動を起こすのが早いですよね。住民のほうからもいろいろ要望の声が行政に出されるし、それに対して行政が反応する早さも、違うのだろうかと思います。

日本でも、父兄や先生に「こんなふうになれば」と思う気持ちはたくさんあるんだけど、法にするところまでに、山あり谷ありのようです。

松本　日本人は昔から行政のすることを、お上のすることといって、上から与えられるというイメージをもっているので、教育を「権利」と思いにくいのかもしれませんね。

司馬　そうかもしれません。つつましさが、この場合はかえってマイナスだと思うんだけど。学校にこういうことをお願いしたり相談してごらんなさいと言うと、「学校へ行かせてもらっているだけで、本当にお世話になってご迷惑をかけているのに、そんなこととてもできません」とおっしゃるお母さんもいらっしゃいます。そうではないということを一所懸命説明しているんですが、なかなかそういう気持ちになれない方もいます。

松本　日本でも、司馬先生の本や何かで、大分ＡＤＨＤの認識が広がるにつれて、教育現場は変化してきましたか。

**司馬**　そうですね。まず親御さんがいろいろな形で変わってくださって、担任の先生の理解も得られると、学校全体でＡＤＨＤを勉強していこうかとなる。そこまで行くと、本当にそのお子さんへの対応がよくなってきます。しかし担任のところで拒絶されるときもあるし、あるいは学校全体には広がらないということもあります。いろいろな方面の方に働きかけて、理解してもらって、力になってほしいなと思いますよね。

**松本**　ＡＤＨＤは、目に見えないので、とても説明しにくいんですけれど、この診断の難しさとか治療の難しさについてお聞きしたいのです。

**司馬**　ＡＤＨＤの場合、病気とか障害という名前をつけてしまうとかえって難しいのかなという気がします。こういうお子さんは何しろ昔からずっといたわけですよね。数が増えているように見えるかもしれないけれども。症状の程度にもよりますが、その子たちが病気であると接していくよりは、何か特別な配慮をしてあげると、うまくいく子なんだというふうに受け取っていただくほうが、スムーズにいくと思います。診断項目六個以上あてはまるかどうか。じゃ、五個ならばＡＤＨＤじゃない、五個だったら普通と同じようにしなさいということではない。症状は連続しているものなので、診断も大事ですが、その連続体に対応するために教育のシステムそのものもきめ細かく、柔軟にする工夫が必要かなと思います。私たちが教育にもっと、お金も、労力も、心も使っていけると大分違ってくると思うんです。
日本では、わりあいと学校や親の要求水準が高いと思います。頑張ってそれに適応できる子どももたくさんいます。

**松本**　いるんですね。

**司馬**　そうすると、うまくできないお子さんがかえって目立つのではないかという気もしています。

この人、アメリカだったらぴったりなのにという感じの方もいます。日本では自己主張が強いとか、まわりと合わせられなくて社会生活をやっていく面で難しい人でも、アメリカ社会では、自己表現ができる、個性的と評価される場合もあります。

**松本**　人と違うということが。

**司馬**　人と違っているということは、すごい才能でもある。もちろんまったく協調性がなくてもいいわけではないけれど、日本では社会が要求するものがちょっと違う。日本のＡＤＨＤのお子さんやおとなの苦しさですよね。

**松本**　そうですね。

**司馬**　特に女の子の場合、女性のおとなの方の場合、日本だと……。

**松本**　ずいぶんつらそうですよ。

**司馬**　ええ。

**松本**　わが家の長男は、学校や私が思う「よい子」の枠にははまらない子で、彼を認めることは、すごく大変でしたけど、今、私の講座を受けてくださるお母さんが、「女の子はもっと大変ですよ」と言われたんですね。そういう男女の違いって、ありますか。

**司馬**　そうですね。「女の子」のイメージはおとなしかったり、お行儀がよかったり、それから控え目。結婚後も仕事をしていても、子どもが生まれれば、女の人が家事、育児担当で社会から退いていく。共働きでも早く帰ってくるのは女性というのがまだまだ世間の認識ですよね。女性は男の人を支えたり、たたえたり、立てたりするのがよろしいと。

**松本**　あと、自分が耐え忍んだり。

**司馬**　そうですね。ADHDの女性は、家事とか育児は一番苦手なんですね。毎日同じことのくり返しで評価されることが少なくて、うまくできてあたりまえ、できなかったら批判されるという仕事で、ADHDの人にはきつい職場です。

**編集部**　男の場合だと、ADHDでも生きようがいろいろある。

**司馬**　ええ。

**松本**　あと、許されやすいとか。

**司馬**　仕事ができていれば、家庭生活が多少難ありでも……。

**松本**　世間から認められる。

**司馬**　男はそんなものよという合意があるでしょう。

**松本**　才能さえあればいいとかね。

**司馬**　女の人はなかなかそうはいきません。

**松本**　そうですね。だから、私なんかもどこかで、ああ、男の子だからいいかなとか。親が男の子に対してよりも、女の子に対してのほうが厳しい見方をしやすいのかもしれません。

**司馬**　「女の子だからこうしなさい」というのは受け入れにくいものですよね、しきたりとか習慣に従うのは、ADHDの人はもともと苦手なわけです。だから、大変ですよ。

**編集部**　社会とのかかわりというのがちょっとほかの病気と違って、すごく強くあるような気がするんですけど、そのために非常に難しい。

**司馬**　そうですね。

**松本**　先生の本の中で、これからの日本は、こういうADHDの子が思いっきり才能を伸ばせるようにしていかないと、すごくもったいないと……。ADHDの子の創造性や才能をどう伸ばしていくかが今後の課題でしょうか。

**司馬**　ADHDには、集団行動が苦手とか社会生活が難しいという特徴がありますが、同じものの継承が苦手だったり、言われたようにしたくないという気持ちは、ある意味、創造性とすごく結びついている。ADHDの子を育てるにはこのようないい部分を育てていくという面と、彼らにとって困難な部分を何とかしていくというふたつの面があるんですね。

社会性とか学校での授業態度ばっかりに目をとられると、いい部分を伸ばしていけないし、つぶしかねない。そういうことが非常に多いと思うので、両方のバランスをうまくとるのがいい形の治療というか、付きあい方だと思いますね。

**編集部**　それと、日本では、治療を受けられる機関がまだまだ少ないようですが、アメリカはどうですか。

**司馬**　アメリカでは、お子さんのいろいろな精神的な疾患とか状態についても、わりあいと薬物を使うんですね。

**松本**　使うほうに抵抗がないということですね。

**司馬**　日本とは考え方が少し違うようです。細菌感染が明らかにあるときには抗生剤が出ますが、ふつうのウイルス性の風邪に抗生剤、解熱・鎮痛剤を出したりはしません。自然に治していく。冷たいおふろに入れるとか、私たちから見ると、熱を冷ますのに冷たいおふろに入れるのは、えっという感じなんだけれども。でも、精神医療では、必要であれば薬を使っていく。

薬の効果についてのリサーチもされています。同じような集団を選んで、二重盲験をし薬を使っているグループと使っていないグループで、効果を比較する。医者も、飲んでいる人も、それが本当の薬か偽薬（にせの薬）かがわからないようにして効果を判定する。子どもについてもわりあいそういうのができています。日本では、母子関係に問題があるとされて（そういうこともあるのですが）児童や青年の問題で親の接し方という面が非常に強調される。子どもに薬を使う機会というのは、わりあい少ないだろうと思うんです。抗うつ剤にせよ、いろいろな向精神薬にしろ、本当にせっぱ詰まった状況でなければ使わないようです。

**松本**　アメリカ人と日本人とでは薬に対する抵抗感が違うんですね。

**司馬**　おそらく病気のとらえ方が違うのかなという気がします。たとえばうつだと、日本では、自分に力がないからやる気が出ない、こういうふうになっちゃうんだとか、考えてしまう。まわりもそう見がちです。アメリカは、その辺のとらえ方が多分違うんだろうと思いますね。簡単に言うと、うつは脳内でセロトニンという物質が足りない。だから、そのセロトニンを増やしていくためにはこんなお薬があって、それを飲めばいいと考える。アメリカでも脳、首から上というのは神聖な領域で、むやみに薬などを使ってはいけないという気持ち、バリアーもあります。また現在の日本では、本当にごくひと握りの人たちが心の問題で医療を受けたり、カウンセリングを受けている。アメリカではもう少し広い人たちが、対象となっています。

**松本**　アメリカ人はごく簡単に「ぼくは今、精神分析にかかっているよ」とか言いますね。精神科にかかることにも抵抗感が少ないような気がします。

**司馬**　何であれ早期に手を打っていこうとする。だから、底辺が広がっている。私はそれはいいことだと思うんです。本当に重症になってからいらした患者さんを見ると、早く受診されていればもっといろいろできたのにと思います。

**松本**　せっぱ詰まらないと病院に行かないですよね。

**司馬**　そうですね。自分で頑張ってしまう、自助の精神でいいんですけれども。薬というのは、かなり安全とはいっても、必ず副作用というリスクはつきまといます。だから、リスクが怖いから使わないというふうにすると、まったく使えないということになってしまう。

薬というのは大事ですけれども、個々のケースでよく検討するのが大切です。

**松本**　早期に何とかしたほうがよいということですね。

**司馬**　いろいろな対策が立てられますからね、特にお子さんの場合は。

**松本**　親業に今、来てくださる方でも、もう引きこもっちゃって、三年目くらいになって来てくださると、コミュニケーションの問題なので、完全に壊れちゃっている。そこから、よい関係をつくり直しましょうというのは大変なんですね。早ければ早いほど、関係をつくり直すのは楽なんですが、親子関係がうまくいかないとか、うちは子どもで悩んでいるということを恥と思うんでしょうか、日本では。

**司馬**　子どものことでお母さんが苦しんでいても、お父さんの協力が得られないことが多いですね。お母さんが一生懸命SOSを出しているのに、受けとめてもらえない。おそらく多くの場合は、両親がうまく協力できれば、いい方向へ行くでしょう。

**松本** コミュニケーションがきちっととれて、よい関係ができていれば、解決できることって多いですよね。

**司馬** そうですね。私たちは、コミュニケーションが苦手ですね。それから、余分なことを言わないのがいいことになっているから、内面の話はよほどうまく聞いてもらえないと言い出しにくいと思いますね。

**松本** 日本では、沈黙は金とか、あうんの呼吸とか、腹芸とか、言わないで通じるほうが上等みたいな……。

**司馬** そういうところもあるでしょうね。

**松本** 日本人は単一民族だからあまりコミュニケーションということを考えなくても、気持ちが伝わりやすかったのが、最近は社会も複雑になってきて、夫婦でも親子でも伝える努力をしないと気持ちが伝わらなくなってきたのではないでしょうか。

**司馬** そうですね。本当に、耳をもっと使ってあげないと。いい言葉を耳に入れてあげたいですね。

**編集部** 病気の治療って、言葉の役割がすごく大きいですよね。

司馬　そうですね。こちらが言う場合もあるし、言えずに来た人が自分の内面を言葉で出していく場合もあります。どちらも言葉のコミュニケーションが大事です。

松本　司馬先生に会っていただいただけで元気になっちゃったという、お母さんもいるんですものね。もう話を聞いてもらえただけでね。

司馬　ADHDのお子さんで自分の中の気持ちを言葉であらわすことがすごく苦手な子は多いですね。本人の中でも、自分に対しての語りかけができないお子さんがすごく多い。内的言語が十分発達していないんですね。そのためにも、その子が言葉を口に出していける、安心して聞いてもらえるという関係を小さいうちから積み重ねてほしいですよね。

松本　そうですね。すごくうれしい話があったのは、四歳のお子さんを持っている受講生の方が言ってくれたんですけど、親業でいう〈能動的な聞き方〉というのは、相手の気持ちを言葉に出しましょうということなんですね。まだ四歳だとうまく言えないところがあるので、そのお母さんが、「○○ちゃんは、こうこうこういうふうに今、思っているんだね」と言ってあげたんですって。そうしたら、息子が「お母さん、今のその言い方、ぼく、とっても好き」と言われたんですって。

司馬　かわいい。

松本　うん。だから、きっともどかしかったんじゃないかしら。〈能動的な聞き方〉で、母親が子どもの気持ちを言葉にしてあげると、小さい子どもや、大きくても自分の気持ちをうまく言えない子には、とても効果があると思いますね。

**司馬**　常に、禁止、制止、叱責を聞いていると、それ以外の言葉の発達も難しいんですよね。どうせ言ってもわかってくれないという言葉をお子さんからよく聞きますね。言うのが面倒くさい、どうせお母さんがわかってくれないからと思っているので説明がもどかしいのです。ポンポンポンと、打てばひびくような形で話したい。ぱっとひと言でわかってくれるのが、彼らは好きなわけなので、言葉をいろいろ連ねて、ああ、そうだったのかというふうに相手と話すのは苦手ですね。だから、お母さんがわかってくれないと、そこで心を閉じてしまうのではないかなと思うんです。言葉の使い方もそうですが、表現していく力も、元気も、気力も、育てて教えるものだと思っていただきたいですね。自然に身につくというふうに思わないで。もともと男の子は下手ですよね、女の子に比べると。「きょう学校でこんなことがあってね」と言わない子のほうが多いかもしれない。

**松本**　親も得意不得手があって、やっぱり練習しないと言えないという方がいるんですよね。親との関係で、「自分の気持ちを言ったら怒られていた」とか、「女はしゃべるものじゃないと思っていました」とかね。「せっかくだからお子さんに気持ちを口にしてあげてください」と言っても、「いや、そういうことをしたことがないとか、だから、本当に練習して、心が通うって、こういうことかと分かると、皆さん、あっという間にお上手になるんですけどね。

それとよいお子さんと言ったらおかしいですけど、親がよい子だと思っていると、言わなくても、あなた、よい子ねとかいうのが子どもに伝わっている。でも、ADHDの子って、いいところはあるんだけど、私の思っているよい子とは違うわとか、また、この子はこれで生きていけるのかしらと、親の不安が子どもに伝わっているような気がするんですね。

**司馬**　いろいろな言葉の端々、目つき、いろいろなことで伝わってしまうんですね、まずいメッセージが。

**編集部**　先生にぜひ、親御さん、今、ADHDかもしれない、あるいはもうADHDだというふうに言われた親御さんにアドバイスしていただきたい。どういうふうにやっちゃいけないとか、どういうふうにするといい方向へ行くかというアドバイスを。

**司馬**　横並びで見ると、できないことがたくさんあるかもしれないけれど、その子ができないところばかり見ないで、よいところ、できているところ、達成しているところをしっかり見てほしいし、言葉に出してほしい。努力が苦手な子も多いです。今、楽しくないこと、つらいことをして、その向こうに何かいいことがあるという、そういう思考が苦手なお子さん。

**松本**　苦あれば楽ありと思うのが難しいんですね。

**司馬**　今が大事な人たちなので、少しずつ、今、少し頑張ると、その後にいいものがあるということを教えていきたいですね。「教える」ためには、脳の中に、ひとつの経路をつくるのです。少しずつ同じ刺激をくり返し続けていくのが大事ですね。弱いところを強くしていくわけなので、たとえば右利きの人が左利きに変えるというような大変さであるわけです。しかし、少しずつやっていけばうまくできるようになる。あわてずに何度でもくり返す。子どものいいところをしっかり見てあげる……それに尽きますね。

**松本**　皆さんおっしゃるのは、わかってはいるけど、なかなか認められない、その子のいいところが。何しろ悪いところがこんなに多くて……。でも、親業を受講していったりして、みんな、ああ、相手を変えようと思うから今まで大変だったけれど、私が変わればいいんですねと、私があの子のいいところを認めれば違ってくるかもしれませんねって、そこに気づいただけですごく楽になる。相手を変えよう、変えようとすると泥沼に入って。

**司馬**　私は、親と子とどっちかが何かできるとすれば、それはお母さんでしょうって、言います。それと、お母さんもお子さんのいろいろなことを感情で受けとってしまうと、自分の身がもたないと思うんです。この子はこのことが苦手だ、できないというのは事実としてある。ああ、だめなんだわ、私がどうしたとか、こうしたとか、あまり感情で……。

**松本**　自分を責めない。

**司馬**　だれかを責めることもしない。悲しがったり、苦しがったり、あまりしないほうがいいと思うんです。事実は事実で、注意するときも、何とかしましょうねとか、しちゃだめよねと言うのはいいけど、その後に子どもに対する批判とか、それこそ「もうあんたなんか」とか「施設に」とか、そういう感情の尾ひれをつけないでほしいのね。「もう」とか「ああ」とか、ため息ひとつでも。「○○をしちゃだめよ」と事実だけを言うようにしていただければいいのです。

**松本**　この子はやっていけるのかしらとか思っちゃうと、どうしても相手の行動もすべて受け入れられなくなって、やっぱり声に出ちゃうんですね。でも、「事実だわ」と今、言われて、すごく、ああ、そうか、事実だと思えばいいわけですね。そして、でも、何とかいいほうにしていこうかという感じで、冷静な状態でお互いが。

**司馬**　本当にそうなんですね。なかなか思うようにいかないことが多くて、お母さんがかっかっかしたり、自分を責めたり、悩んだりしてしまう。お母さんが大変なのは本当によくわかるんだけど、それをしてしまうと、力の浪費だなと私は思います。感情的になってもうまくいかないのは目に見えているし、ましてやたたいたりどなったりしてうまくいった例というのはひとつも知らないんです、今のところ。なので、逆に変えてみる、自分のやり方を変えてみる。本当に難しいけど、一○○個の中から一個でもいいものを見つけていこうという気持ちで。

そうすると、子どもが気づいていきますよね、必ず。ああ、お母さんが変わってきたと。それで「じゃ、ぼくも」という気持ちにもなる。でも、気持ちがあってもすぐはできないのよね。だから継続して、注意していくこと、同じことを一〇〇回、二〇〇回言って、やっとできるかできないかですね。

歯磨きなどは、一〇〇〇回、二〇〇〇回やりなさいと言われてもまだできないという人はざらです。そういうものだと思ってほしいですね。

**松本** 母親のやり方が変わって、明るくなっていくと、子どもが違ってきますね。

**司馬** もちろんすごく違いますね。

**松本** ぼくのせいでお母さんは今、不幸なんだと思うのと、あっ、何だ、お母さんって幸せなんだと思うのとですごく違う。だから、一回目、来たときに、本当に真っ暗な感じでいらして、八回の講座が終わったときに、ものすごく明るくなって、夫に「きれいになった」と言われる人もいるんですね。

**司馬** すごい。

**松本** すごいでしょう、それって。全然表情が違ったとか。あっ、そうか、私が元気……。これって、人に言われてもだめですね。講座を受ける中で、自分でいろいろな考え、あっ、そうか、もしかしたら私が変われば変わるかもしれないとか、私がこうだからこうなんだとご自分で気づかれるというのは大きいんですね。そうすると自然に変われるんですね。

**司馬**　ええ。子どもも同じように変えていきたいんですよね。よく言いますね。本人がその気にならなきゃだめとか。それはただ待っていてなれるものでもない。やっぱり自分が大事に思えてくる、お母さんにとって自分が大事な子なんだという気持ちが出てくるように、整えてあげることです。

お子さんにしていただくアンケートを見ると、「自分はだめなんだ」とか、「だれかが愛してくれているかどうかよくわからない」とか、「自分が嫌いだ」などにマルする子が、小学校の低学年でも結構いるんですよね。そのお子さんのADHDの症状そのものは、ごく軽いことも多いのですが、自己評価がそこまで傷ついているというのは、そちらのほうがすごく重症。

**松本**　でも、親は子どもの自己評価がそんなに低くなっているとは気づいていないんですね。

**司馬**　そこまでとは思っていない。

**松本**　親の愛が伝わらないわけがないとか、私は愛して、この子を今、しつけているのよと言うけど、子どもは、愛されていないと思っちゃうんですよね。

**司馬**　そうですね。よほど子どものほうの視点になってみないと……。

**編集部**　要するに、子どもの症状はそんなに重くないのに、親がADHDを知らないために、ADHDの症状を重くしちゃっていたりとか悪くしちゃったりということが。

**司馬**　そういうことはありますね。やっぱり養育がうまくいかないとか、経済的な要因とか、お父さんが家へ帰ってこないとか、いろいろなそうした、よく言われる家庭の問題のためにADHDの症状が強く出るということは、もちろんある。薬物治療は大事なんだけど、その前に生活環境で整えてやらねばならないことがたくさんあるんです。

**松本**　だから、特効薬ではないわけですね。

**司馬**　それはもう、そういうふうには効かないと思いますね。お母さん、学校の先生、お父さん、すごく大事な友達などが本当に大きく成長し変わっていける要因にもなるので、全部大事ですね。

**松本**　認めてもらったことがない子たちが多いので、たまたまよい先生に認めてもらえたとか、親に認めてもらえたとか、何かで認めてもらえたときに、すごくドラマチックに変わる気がするんですね。

**司馬**　本当に、そういう出あいがあるといいなと思う。親は一番近くにいられるので、よい関係ができるといいですね。

**松本**　難しいですけどね。でも、親が子どもをありのままに認めることができると、子どもは変わるわけですよね。

**司馬**　そうですね。本当に表情も、ずいぶんと変わってきますよね。子育ては楽しんでやっていただけるといいですね。子育てを苦難と思うと難しい。楽しみに変われば……。でも、難しい。子育てや家事などこうしなければいけない、すべきなんだと縛られていると、うまくいかない。やっぱりどこかに力のひずみが出てきますね。

**松本**　司馬先生のご本の中に、ADHDの人の中には天才型、ものすごく文学や芸術の才能あるいは行動力があって、偉人と呼ばれる人もいるって書かれていますが、あれがとっても支えになって、今は試練だけど、将来花が咲くのかもしれないとか、もしかしたら普通の子よりもすごくなるかもしれないって、親も子もそう思えるだけでずいぶん違いますよね。

**司馬**　ADHDはいろいろな意味で標準仕様ではないです。だれかがそういうふうな気持ちで将来を信じて育てていくことが、本当にすごく大事ですよね。

**松本**　親が信じてあげないと。

**司馬**　みんながみんな輝くわけではないかもしれないけど、だれかに信じられて頑張っているADHDの子たちの姿ってすてきです。

**松本**　過程を楽しめるように。

**司馬**　ええ。今の教え方でできないからといって、諦めないでほしいのです。教え方ももっといろいろ工夫してほしいです。本を読んで書いてというのだけでなく、もっと違った感覚を使って、伸びていける子もたくさんいます。いろいろな子がいて、その中で、自分を大事に思っているというふうになってほしいですね。お母さん自身が、自分に対してあまりポジティブな気持ちを持っていないケースが多いです。

**松本**　世の中変わって、ハングリー精神で頑張ればいい時代ではなくなってきた。

**司馬**　常に追い立てられると、心にはあまり健康ではありませんね。

**編集部**　最後にひとつだけ、具体的に今、子どもがADHDではないかと感じている親御さんは、どんなアクションを起こしたらよいかという……。おっしゃるようにチェックですね。ADHDかどうかということを判定する方法というものが、たとえば自分でどういうふうにすれば……。今、医療機関で受けられるところが本当に限られていますから。

**司馬**　ADHDであるかどうかという診断は、実はかなり難しいんですね。診断基準の症状の項目でイエス、ノーというのはできるんだけど、一番最後に、こういうものではないんだというのが条件になっていますね。広汎性発達障害とか、分裂病とか、うつ病とか、いろいろな精神障害ではないというところが……。それは医療機関に相談しなければいけない。親御さんが不安を感じておられるなら、是非とも診察を受けてほしいですね。親がADHDだと思っていて、実は自閉症ということもあるし、そうすると対応の仕方が全然違ってきますので。しかし診察を受けるほどの不安はない、でも家庭で何かしていきたいなと思われたら、お子さんの気持ちを理解するよう心がけたり、関連した本を何冊か読んで、自分のできそうな工夫を見つけていったり、先生やまわりのお母さんと情報交換したり、助け合ったりしながら様子を見ていってほしいです。お子さんへのまなざしを変えるだけで、かなり変わってくること、多いですから、本当にADHDのお子さんの半数以上はそれだけで十分なので、ひとりで苦しまないということが大事ですね。

# あとがき

どんな子でもSOSの信号を出している。親から見てよい子でも、それは親からの愛情に自信がなくて、子どもが無理して親の期待に添うためによい子をしている場合もある。

子どもが非行に走ったり、それまでのよい子が、親の思いと違う行動をとっただけで、親はパニックになってしまう。残念なことにせっかく子どもを愛しているのに、親がパニックになってしまうと、親が「困った！　困った！」と問題を抱えてしまって、大切な子どもの気持ちは見えなくなる。

きっかけは些細なことなのに、子どもの行動を親が自分の問題としてしまい、子どもの気持ちを聞けなくなるために、事態がどんどん悪くなってしまう場合がとても多い。

親は、

「どうして、あなたを心配する親の気持ちが分からないの！」

と怒り狂い、子どもは、

「私の気持ちを、親は全然分かってくれない！」

と心を閉ざす。

子どもが何も話さないのは、聞く姿勢のない親に問題があることが多い。

親はなんとか子どもを変えようとして四苦八苦するのだが、親が変わらなければ、事態は何も変わらない。過去と相手を変えることは不可能な場合でも、自分を変える可能性は残されている。

愛情は伝える努力をしなくては、伝わらない場合があるのをぜひ分かってほしい。コミュニケーションが親子の間でとれていて、子どもに親の愛情が伝わっていたならば、子どもがつまずいたり、誘惑に負けたりしても、必ず子どもはいつか立ち直れる。親に愛され信じられて、子どもは強くなれるのだ。

心配のあまり干渉のし過ぎになって、「ああしろ！　こうしろ！」と言い続けるよりも、子どもの問題として、子どもが解決できると信じるほうが、子どもの立ち直りの力になる。

けれどもいくら信じても信じても子どもに裏切られ続けて、親としての自信をなくしてしまいそうになることがある。その場合は相手や自分を責めずに、もしかしたらＡＤＨＤなどの目に見えない障害で、本人の努力や親のしつけの問題ではないかもしれないと、見方を変えてみるのも大事だと思う。

どんな場合も親が自分の楽しみを見つけたり、自分がどんなときに相手を受け入れにくくなるか自分の状態を把握して、親が自分のストレスを上手にコントロールするのは大切なことだ。結局、子どもの人生は子ども自身のものとして、子どもを信じて支え、親は親自身の人生を幸せに生きるのが肝心なのだと思う。子どもにしてみたら、母親がいつも子どもの問題で暗い顔をしていたら、

「あなたのせいで、私はつらい。あなたのせいで、私は不幸だ」

と無言で自分を責められているようで、親と話す気もなくなり、暗い家庭には帰る気もなくなってしまう。これは夫婦の間でも同じような気がする。

子どもや相手のSOSのサインに気がつかなくて、あるいは気がついてもどうしたらよいか分からなくて、知らず知らずに相手との気持ちが離れてしまい、お互いの気持ちが分からなくなってしまう場合が多すぎるのだ。相手のSOSのサインに気がついたら、相手の気持ちを〈能動的な聞き方〉で聞き、自分の思いは〈わたしメッセージ〉できちんと伝える。

対立が起きたときは、どちらかが勝ったり負けたりするのではない〈勝負なし〉法で解決する。相手が我慢するのではなく、自分が我慢するのでもない「お互いを尊重したコミュニケーション」がとれたならば、親子関係も、夫婦関係も、他人との人間関係の問題も、すべて解決しやすくなる。

このように本音を話せる親子関係や人間関係が築ければ、最近、音羽で起きた心のぶつかりあいから殺人にまで追いつめられてしまったような母親の悲劇や、息子がこわくて言いなりになってしまった母親の悲劇は、避けられたのではないかと思えて、残念でしかたがない。

アートデイズの宮島正洋さんが、コミュニケーションの重要性に理解を示し、今この時期にこそ「何でも話しあえる家庭」や「心地良い人間関係を築くヒント」を与える本書の出版が必要と認め、私が書くことを編集者として励まし続けてくれた。

司馬理英子さんからは、著書の『のび太・ジャイアン症候群』から引用させていただいただけでなく、貴重なＡＤＨＤに関する情報を、対談の中で披露していただいた。なお今回、この本と同時に、同じアートデイズから司馬さんが監修・出演するビデオ『ＡＤＨＤ注意欠陥・多動性障害——その基礎知識と対応法』が出版された（詳細は奥付広告）。

親業訓練協会の近藤千恵理事長には、体験談として〈親業〉を紹介することを励ましていただき、特に事務局長の松尾征二さんには、言葉で表現するのが難しい〈親業〉の内容について重要なアドバイスをいただいた。

日本ルーテル教団の小見民義牧師、斎藤衛牧師は、精神的な支えとなってくださり、お二人から本書を書く勇気を与えられた。

友人や講座を受けてくださった皆さんの協力で、この本を書けたことに心から感謝したい。

そして、お人柄と著書を深く敬愛する鈴木秀子聖心女子大学教授から、この本へ推薦のお言葉をいただいて感激している。

考えてみたら、私の子ども時代も男の子ばかりと活発に遊んで、女の子としては変わっていたかもしれない。ただ、両親が寛大で、一度も「女の子らしくしなさい」とか「みんなと同じようにしなさい」と私に言わなかったので、なにも自分では問題を感じないで大きくなってしまった。すでに父は亡くなったが、もと文学少女の母からは、この本を書くきっかけと、文章上のアドバイスをもらった。

夫はもっと寛容で、掃除が下手で料理が嫌いな私を「女のくせに……」などと責める代わりに、人生のパートナーとして対等に向きあってくれた。そして本を書くために家事が手抜きになるのを我慢してくれた。

私自身が数え切れない欠点を抱えながらも、家族やまわりの友人たちの理解に支えられて、なんとかやってきていたのに、私はなぜ息子のことになると完璧な母親を目指し、完璧な息子を望んだのだろう。

息子が思いどおりにならなかったおかげで、やっと自分の抱える問題に目を向け、よりよいコミュニケーションをはかりながら、親も子も共に成長していくことができた。

試行錯誤を何度もくり返す私に付きあってくれた家族に感謝したい。特に長男はまだ二十三歳で多感な時期にもかかわらず、自分の子ども時代を私が書くのを承知してくれた。彼が忘れたいと思っている先生に怒られたり、他の人をビックリさせたりしたエピソードばかりなのに、「ありのままに書いてもかまわないよ」と言ってくれたおかげで、この本は完成することができた。息子にもありがとうと言いたい。

最後にゴードン博士が『親業』の本の中で紹介しているギブランの詩を引用したい。

あなたの子供は、あなたの子供ではない
待ちこがれた生そのものの息子であり、娘である
あなたを経て来たが、あなたから来たのではない
あなたと共にいるが、あなたに属してはいない
あなたは愛情を与えても、考えを与えてはならない
なぜなら、彼らには彼らの考えがあるから……
あなたが彼らのようになる努力はしたとしても、
彼らをあなたのようにすることを求めてはならない
なぜなら、生は後戻りしないし、
きのうのままにとどまりもしないのだから

講座に関心のある方や、「親業」関連の書籍や講演会など、情報の欲しい方は、直接協会へお問い合わせください。


親業訓練協会

〒150-0021

東京都渋谷区恵比寿西2-3-14 8F

TEL 03(6455)0321

FAX 03(6455)0323

http://www.oyagyo.or.jp




# わが子《こ》と心《こころ》が通《かよ》うとき


二〇一四年十一月一日　初版第四刷発行

著者　松本　純

装幀　山本ミノ

発行者　宮島正洋

発行所　アートデイズ

〒160-0008　東京都新宿区三栄町17　V四谷ビル

TEL　03(3353)2298

印刷所　錦明印刷株式会社